동양books

NEW 후다닥
여행프랑스어
FRANCE
speed speaking

초판 3쇄 | 2014년 9월 5일

지은이 | 주장수
발행인 | 김태웅
총   괄 | 권혁주
기   획 | 조희준
책임편집 | 김현아
디자인 | 김민정
일러스트 | 지상의
마케팅 | 서재욱, 김홍태, 장영임,
         정유진, 김귀찬, 왕성석
온라인 마케팅 | 김철영
제   작 | 현대순
관   리 | 김훈희, 이국희, 김승훈, 최국호

발행처 | 동양북스
등   록 | 제 10-806호(1993년 4월 3일)
주   소 | 서울시 마포구 동교로 22길 12 (121-842)
전   화 | (02)337-1737
팩   스 | (02)334-6624
웹사이트 | http://www.dongyangbooks.com
          http://www.dongyangTV.com

ISBN 979-89-8300-852-7 13760

▶ 본 책은 저작권법에 의해 보호를 받는 저작물이므로 무단 전재와 복제를 금합니다.
▶ 잘못된 책은 구입처에서 교환해 드립니다.

NEW 후다닥 여행프랑스어

FRANCE

Speed Speaking

동양books

머리말

생각만 해도 설레는 해외여행!
여권 준비, 비행기 예약, 숙소 예약, 드디어 출국!
여행을 앞두고 이것저것 다 준비한 것 같은데, 무언가가 허전하다면.
바로 중요한 언어 문제일 것입니다.
이왕 떠나는 신나는 여행인데, 언어에 대한 아무런 준비도 없이 허술
히 떠난다면 얼마나 아쉽겠습니까?
자, 그럼 큰맘 먹고 가는 즐거운 여행,
회화책 한 권은 들고 여행을 떠나야겠죠?
이 책은 바로 자신 있게 여행길에 오르고 싶은 분들을 위한 책입니다.
해외여행 기본상식과, 여행 준비자료 등과 함께 여행지에서 바로 쓸
수 있도록 실용적인 회화문 위주로 담아놓았습니다. 그림으로 쉽게
찾아 볼 수 있도록 출국에서, 기내에서, 공항에서, 호텔에서, 쇼핑 등
에서 각 장소별로 주로 쓰이는 회화 중심으로 실려 있기 때문에, 꼭
필요한 프랑스어 표현은 쉽게 구사할 수 있을 것입니다.

해외로 떠나는 신나는 여행.
이젠 「후다닥 여행 프랑스어」와 함께 떠나세요.
여행길에 든든한 친구가 되어줄 것입니다.

이 책의 활용법

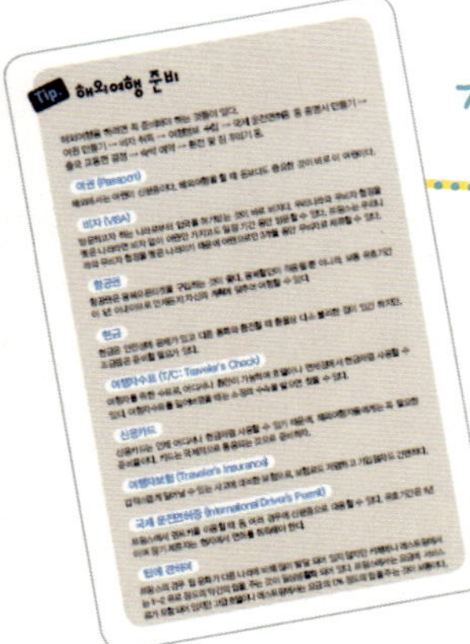

각 Chapter별 Tip

알아두면 유용한 해외여행 Know-how를 제시합니다. 여행 짐싸기부터 귀국 준비까지 여러분의 여행을 한층 업그레이드시켜 줄 상세한 팁들로 여행준비를 도와드립니다.

단어

해당 주제 아래 다시 작은 주제별로 필요한 단어들을 모았습니다. 알짜 표현에 맞게 다양한 그림들을 함께 묶어 갑작스럽게 단어를 구사해야 하는 상황에서 실용적으로 사용할 수 있습니다.

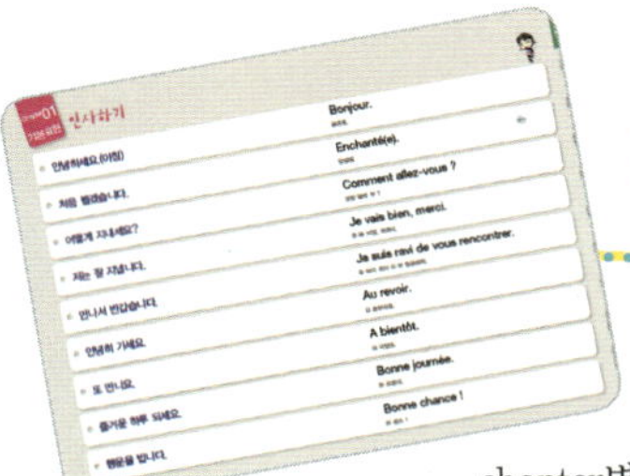

표현

어떤 상황에서라도 꼭 필요한 문장을 쉽게 찾아볼 수 있도록 편리하게 chapter별로 인덱스를 해 놓았습니다. 상황에 따라 찾아보면서 필요한 표현들을 익혀보세요.

mp3 다운로드

책 속의 모든 표현에 대해 한글과 프랑스어 모두를 현지인의 음성으로 녹음하였습니다. mp3 파일은 동양북스 홈페이지(http://www.dongyangbooks.com)에서 내려 받으실 수 있습니다.

차례

PART 01
그림으로 보여주는 알짜 단어

PART 02
꼭 필요한 것만 모은 알짜 표현

차례

PART 01

그림으로 보여주는 알짜 단어

기내에서 | 입국심사대에서 | 숙소에서 | 거리에서 | 건물 | 위치

식당에서 | 음식 | 음료수 | 술/안주 | 조미료 | 식기 | 쇼핑에서

전자제품 | 잡화/일용품 | 의류 | 쇼핑에 필요한 기본 형용사

병원·약국에서 | 약 | 병명 | 시간·날짜 | 주일·계절 | 월

색깔 | 숫자 | 가격

__________ 주세요.

__________ , s'il vous plaît ?

__________ 씰부쁠레 ?

물
de l'eau
들 로

주스
un jus de fruit
엉 쥐 드 프휘이

맥주
de la bière
들라 비에흐

와인
du vin
뒤 방

휴지
une serviette
윈 쎄흐비엣

신문
un journal
엉 주흐날

아래 단어를 빈칸에 넣어 보세요.

입국목적은 __________ 입니다.

Je suis venu pour __________.

쥬 쒸이 브뉘 뿌흐 ___ .

관광
visiter
비지떼

비즈니스
les affaires
레 자페흐

공부
les études
레 제뛰드

유학
étudier en France
에뛰디에 엉 프헝쓰

친구
voir les amis
부아흘 레 자미

친척
voir la famille
부아흘 라 파미으

있어요?

Y a-t-il ______ ?
이 아 띨 ______ ?

텔레비전
la télévision
라 뗄레비지옹

인터넷 PC
l'internet
랑떼흐넷

전화
le téléphone
르 뗄레폰

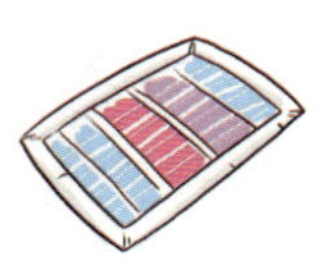

이불
la couverture
라 꾸베흐뛰흐

전기
La lampe électrique
라 렁쁘 엘렉트힉끄

두루마리 화장지
le papier toilette
르 빠삐에 또알렛

열쇠
la clé
라 끌레

배게
l'oreiller
로헤이에

타올
la serviette
라 쎄흐비엣

___________ 이 어디에 있어요?

Où est ___________ ?

우 에 _____ ?

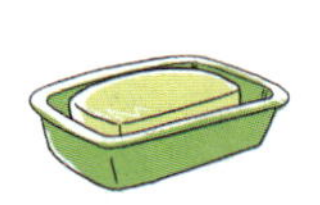

비누
le savon
르 싸봉

샴푸
le shampoing
르 셩뿌앙

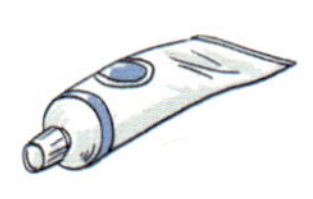

치약
le dentifrice
르 덩띠프히쓰

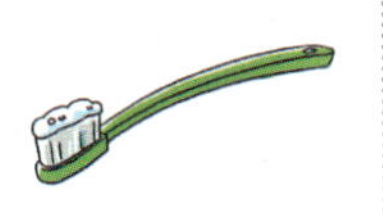

칫솔
la brosse à dent
라 브호 싸 덩

식당
le restaurant
르 헤스또헝

화장실
le cabinet de toilettes
르 꺄비네 드 또알렛

건물

이 어디에 있어요?

Où est [   ], s'il vous plaît ?

우 에 [   ], 씰 부 쁠레 ?

역
la station de métro
라 스따씨옹 드 메트호

버스정류장
l'arrêt du bus
라헤 드 뷔쓰

백화점
le grand magasin
르 그헝 마갸쟝

서점
la librairie
라 리브헤히

화장실
le cabinet de toilettes
르 꺄비네 드 또알렛

레스토랑
le restaurant
르 헤스또헝

패스트푸드점
le restaurant fast food
르 헤스또헝 파스트 푸드

술집
le bar
르 바흐

편의점
le supermarché
르 쒸뻬흐마흐셰

[ ] 이 어디에 있어요?
Où est [ ], s'il vous plaît ?
우 에 [ ], 씰 부 쁠레 ?

은행
la banque
라 벙끄

우체국
la Poste
라 뽀스트

병원
l'hôpital
로삐딸

파출소
le commissariat de police
르 꼬미싸히아 드 뽈리쓰

커피숍
le café
르 까페

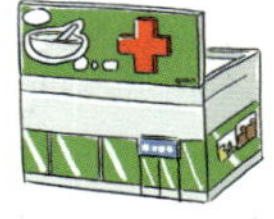

약국
la pharmacie
라 파흐마씨

아래 단어를 빈칸에 넣어 보세요.

________ 입니다.

C'est ________ .

쎄 ________ .

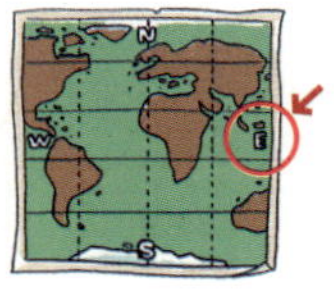

동쪽
à l'est
알 레스트

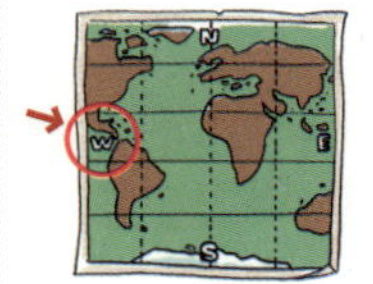

서쪽
à l'ouest
알 루에스트

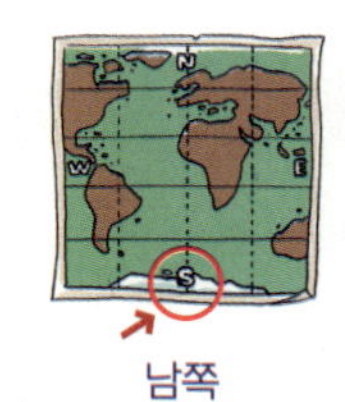

남쪽
au sud
오 쒸드

북쪽
au nord
오 노흐

앞 / 뒤
devant / derrière
드벙 / 데히에흐

왼쪽 / 오른쪽
à gauche / à droite
아 고슈 / 아 도호아뜨

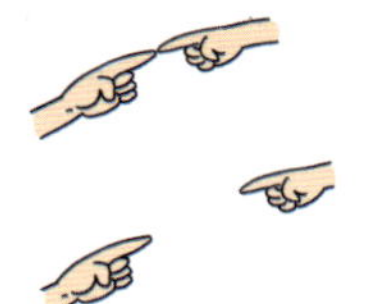

가깝다 / 멀다
près / loin
프헤 / 루앙

이쪽 / 그쪽 / 저쪽
ici / là / là bas
이씨 / 라 / 라 바

☐ 주세요.
Je voudrais ☐, s'il vous plaît.
쥬 부드헤 ☐, 씰 부 쁠레.

햄버거
un hamburger
엉 엉부흐겨흐

스테이크
un steak
엉 스떽

과일
un fruit
엉 프휘이

빵
du pain
뒤 빵

케익
un gâteau
엉 갸또

야쿠르트
un yaourt
엉 야우흐뜨

아이스크림
une glace
윈 글라쓰

카레라이스
du riz au curry
뒤 히 오 꿰히

가재요리
du homard
뒤 오마흐

☐ 주세요.

Je voudrais ☐, s'il vous plaît.

쥬 부드헤 ☐, 씰 부 쁠레.

새우요리
des crevettes
데 크흐베뜨

연어요리
du saumon
뒤 쏘몽

생선요리
du poisson
뒤 뿌아쏭

해산물요리
du fruit de mer
뒤 프휘이 드 메흐

수프
une soupe
윈 쑤쁘

고기
de la viande
들 라 비엉드

쇠고기
du bœuf
뒤 붜프

닭고기
du poulet
뒤 뿔레

양고기
du mouton
뒤 무똥

돼지고기
du porc
뒤 뽀흐

칠면조고기
de la dinde
들 라 당드

[   ] 주세요.

Je voudrais [   ], s'il vous plaît.

쥬 부드헤 [   ], 씰 부 쁠레 .

커피
un café
엉 꺄페

코코아
un chocolat chaud
엉 쇼꼴라 쇼

주스
un jus de fruit
엉 쥐 드 프휘이

콜라
un coca
엉 꼬꺄

우유
du lait
뒬 레

두유
du lait de soja
뒬 레 드 쏘자

찬거 / 따뜻한거
frais / chaud
프헤 / 쇼

술/안주

주세요.

Je voudrais ▢, s'il vous plaît.

쥬 부드헤 ▢ , 씰 부 쁠레.

생맥주
une bière pression
윈 비에흐 프헤씨옹

병맥주
une bouteille de bière
윈 부떼이으 드 비에흐

위스키
du whisky
뒤 위스키

와인
du vin
뒤 방

________ 주세요.

Je voudrais ______, s'il vous plaît.

쥬 부드헤 ______, 씰 부 쁠레.

간장
la sauce soja
라 쏘쓰 쏘자

겨자
la moutarde
라 무따흐드

마늘
l'ail
라이으

소금
le sel
르 쎌

고추
le piment
르 삐멍

소스
la sauce
라 쏘쓰

설탕
le sucre
르 쒸크흐

후추
le poivre
르 뿌아브흐

식초
le vinaigre
르 비네그흐

와사비
le wasabi
르 와자비

참기름
l'huile de sésame
뤼일 드 쎄잠

된장
la pâte de soja fermenté
라 빠뜨 드 쏘자 페흐멍떼

☐☐☐☐☐☐ 주세요.

Je voudrais ☐☐☐, s'il vous plaît.

쥬 부드헤 ☐☐☐, 씰 부 쁠레 .

숟가락
une cuillère
윈 뀌이에흐

젓가락
des baguettes
데 바겟

칼
un couteau
엉 꾸또

유리컵
un verre
엉 베흐

포크
une fourchette
윈 푸흐셋

접시
une assiette
위 나씨엣

밥그릇
un bol de riz
엉 볼 드 히

전자제품

_____________ 을 원해요.

Je voudrais ___________.

쥬 부드헤 ______.

데스크탑 컴퓨터
un ordinateur de bureau
어 노흐디나뚀흐 드 뷔호

노트북
un ordinateur portable
어 노흐디나뚀흐 뽀흐따블르

핸드폰
un téléphone portable
엉 뗄레폰 뽀흐따블르

아이팟 MP3
un lecteur mp3 / un iPod
엉 렉뚀흐 엠뻬트후아 / 겅 아이쁘드

디지털 카메라
un appareil photo numérique
어 나빠헤이 포또 뉘메히끄

이어폰
des écouteurs
데 제꾸뚀흐

영화 / DVD
un film / un DVD
엉 필므 / 엉 데베데

DVD 게임소프트
un DVD de jeux vidéo
엉 데베데 드 쥬 비데오

쇼핑에서

____________ 을 원해요.

Je voudrais ____________ .

쥬 부드헤 _______

시계
une montre
윈 몽트흐

안경
des lunettes
데 글라쓰

선글라스
des lunettes de soleil
데 뤼넷 드 쏠레이

핸드폰 줄
un pendentif pour téléphone portable
엉 뻥덩띠프 뿌흐 뗄레폰 뽀흐따블르

지갑
un portefeuille
엉 뽀흐뜨풔이으

반지
une bague
윈 바규

목걸이
un collier
엉 꼴리에

팔찌
un bracelet
엉 브하슬레

귀걸이
des boucles d'oreilles
데 부끌르 도헤이으

[   ] 을 원해요.

Je voudrais [   ].

쥬 부드헤 [   ].

담배
une cigarette
윈 씨갸헷

라이터
un briquet
엉 브히께

우산
un parapluie
엉 빠하쁠뤼이

화장품
des produits de beauté
데 프호뒤이 드 보떼

가방
un sac
엉 싹

현금
en espèce
어 네스뻬쓰

카드
par carte bleue
파흐 꺄흐뜨 블르

＿＿＿＿ 을 원해요.
Je voudrais ＿＿＿＿.
쥬 부드헤 ＿＿＿＿.

셔츠
une chemise
윈 슈미즈

티셔츠
un T-shirt
엉 티 셔흐뜨

와이셔츠
une chemise blanche
윈 슈미즈 블렁슈

블라우스
un chemisier
엉 슈미지에

스웨터
un pull
엉 쀨

양복
un costume
엉 코스뜀므

원피스
une robe
윈 호브

넥타이
une cravate
윈 크하밧뜨

양말
des chaussettes
데 쇼쎗뜨

___________ 을 원해요.

Je voudrais ___________.

쥬 부드헤 ___________.

코트
un manteau
엉 멍또

바지
un pantalon
엉 뻥딸롱

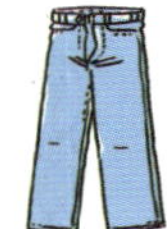

청바지
un jean
엉 진

스커트
une jupe
윈 쥐프

구두
des chaussures
데 쇼쒸흐

운동화
des chaussures de sport
데 쇼쒸흐 드 스뽀흐

모자
un chapeau
엉 샤뽀

해요.

C'est ☐ .

쎄 ☐ .

비싸다
cher
셰흐

싸다
bon marché
봉 마흐셰

크다
grand
그헝

작다
petit
쁘띠

가볍다
léger
레제

무겁다
lourd
루흐

_____ 해요.

C'est _____.

쎄 _____.

짧다
court
꾸흐

길다
long
롱

많다
beaucoup
보꾸

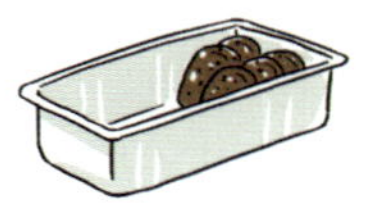

적다
peu
쁘

새롭다
nouveau
누보

낡았다
vieux
비으

약

을 원해요.

Je voudrais .

쥬 부드헤 .

소독약
un désinfectant
엉 데장펙떵

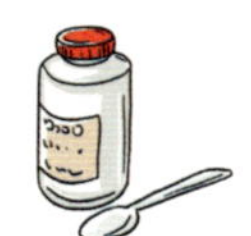

감기약
un médicament contre la grippe
엉 메디까멍 꽁트흐 라 그힢쁘

해열진통제
un médicament contre la fièvre
엉 메디까멍 꽁트흐 라 피에브흐

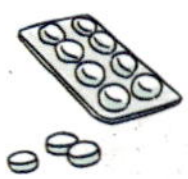

소화제
un médicament pour aider la digestion
엉 메디까멍 뿌흐 에데 라 디제스치옹

변비약
un médicament contre la constipation
엉 메디까멍 꽁트흐 라 꽁 스띠빠씨옹

멀미약
un médicament contre le mal de voiture
엉 메디까멍 꽁트흐 르 말 드 부아뛰흐

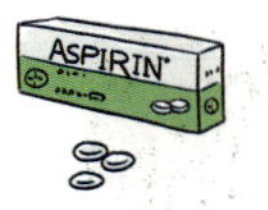

아스피린
une aspirine
윈 아스삐힌

연고
une pommade
윈 뽀마드

__________ 예요.

J'ai _______.

제 _______.

감기
un rhume
엉 휨므

식중독
une intoxication
alimentaire
윈 앙똑씨까씨옹 알리멍떼흐

두통
mal à la tête
말 알 라 뗃뜨

복통
mal au ventre
말 오 벙트흐

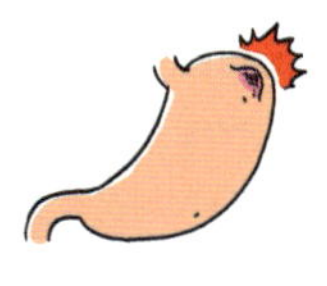

위통
mal à l'estomac
말 알 레스또마

치통
mal aux dents
말 오 덩

변비
une constipation
윈 꽁스띠빠씨옹

생리통
des douleurs
menstruelles
데 둘뤄흐 멍스트휘엘

멀미
des nausées
데 노제

몇 시예요?
Quelle heure est-il ?
껠 뢰흐 에 띨 ?

시간

시간	heure	외흐
한 시간	une heure	위 뇌흐
두 시간	deux heures	두 죄흐
분	minute	미뉫뜨
초	seconde	쓰공드
오전	le matin	르 마땅
오후	l'après-midi	라프헤 미디
10초	dix secondes	디 쓰공드
5분	cinq minutes	쌍 미뉫뜨
10분	dix minutes	디 미뉫뜨
30분	une demi heure	윈 드미 외흐

날짜

날짜	la date	라 닷뜨
일, 하루	jour	주흐
오전	la matinée	라 마티네
오후	la journée	라 주흐네
저녁	le soir	르 쑤아흐
밤	la nuit	라 뉘이
정오	midi	미디
오늘	aujourd'hui	오주흐뒤이
어제	hier	이에흐
내일	demain	드망
오늘 아침	ce matin	쓰 마땅
오늘 저녁	ce soir	쓰 쑤아흐
오늘 밤	cette nuit	쎗 뉘이

무슨 요일이에요?
Quel jour sommes-nous ?
껠 주흐 쏨 누 ?

주일		.
주	la semaine	라 쓰멘
일요일	dimanche	디멍슈
월요일	lundi	렁디
화요일	mardi	마흐디
수요일	mercredi	메흐크흐디
목요일	jeudi	쥬디
금요일	vendredi	벙드흐디
토요일	samedi	쌈디
공휴일	jour férié	주흐 페히에
요일	jour	주흐
이번 주	cette semaine	쎗 쓰멘
다음 주	la semaine prochaine	라 쓰멘 프호셴
지난 주	la semaine dernière	라 쓰멘 데흐니에흐

계절		
계절	la saison	라 쎄종
봄	printemps	프항떵
여름	été	에떼
가을	automne	오똔느
겨울	hiver	이베흐

몇 월달이에요?
En quel mois sommes-nous ?

엉 껠 모아 쏨 누 ?

월		
달(月)	mois	모아
1월	janvier	정비에
2월	février	페브히에
3월	mars	마흐쓰
4월	avril	아브힐
5월	mai	메
6월	juin	쥬앙
7월	juillet	쥬이예
8월	août	웃뜨
9월	septembre	쎕떵브흐
10월	octobre	옥또브흐
11월	novembre	노벙브흐
12월	décembre	데썽브흐
이번 달	ce mois	쓰 모아
다음 달	le mois prochain	르 모마 프호샹
지난 달	le mois dernier	르 모아 데흐니에

를 찾아요.

Je cherche le   .

쥬 셰흐슈 르

색깔		
갈색	marron	마홍
검은색	noir	누아흐
노란색	jaune	죤
녹색	vert	베흐
보라색	violet	비올레
분홍색	rose	호즈
빨간색	rouge	후쥬
오렌지색	orange	오헝쥬
푸른색	bleu	블르
회색	gris	그히
흰색	blanc	블렁

몇 개예요?
Combien y en a-t-il ?
꽁비앙 이어 나 띨 ?

숫자 (Number)		
0	zéro	제호
1	un	엉
2	deux	두
3	trois	트호아
4	quatre	꺄트흐
5	cinq	쌍끄
6	six	씨쓰
7	sept	쎗뜨
8	huit	윗뜨
9	neuf	뉘프
10	dix	디쓰
11	onze	옹즈
12	douze	두즈
13	treize	트헤즈
14	quatorze	꺄또흐즈
15	quinze	꺙즈
16	seize	쎄즈
17	dix-sept	디쎗뜨
18	dix-huit	디즈윗뜨
19	dix-neuf	디즈뉘프
20	vingt	방

값이 얼마예요?
Combien ça coûte ?
꽁비앙 싸 꿋뜨 ?

30	trente	트헝뜨
40	quarante	꺄헝뜨
50	cinquante	쌍껑뜨
60	soixante	쑤아썽뜨
70	soixante-dix	쑤아썽 디쓰
80	quatre-vingts	꺄트흐 방
90	quatre-vingt-dix	꺄트흐 방 디쓰
100	cent	썽
1,000	mille	밀
10,000	dix mille	디 밀
100,000	cent mille	썽 밀
1,000,000	un million	엉 밀리옹
1/2	un demi	엉 드미
1/3	un tiers	엉 치에흐
1/4	un quart	엉 꺄흐
2배	double	두블르
3배	triple	트히쁠르
한 번	une fois	윈 푸아
두 번	deux fois	두 푸아
세 번	trois fois	트후아 푸
1다스	une douzaine	윈 두젠
2다스	deux douzaines	두 두젠

PART 02

꼭 필요한 것만 모은 알짜 표현

Chapter 01 기본표현

인사하기

- 안녕하세요.(아침)

- 처음 뵙겠습니다.

- 어떻게 지내세요?

- 저는 잘 지냅니다.

- 만나서 반갑습니다.

- 안녕히 가세요.

- 또 만나요.

- 즐거운 하루 되세요.

- 행운을 빕니다.

Bonjour.

봉쥬호.

Enchanté(e).

엉셩떼.

Comment allez-vous ?

꼬멍 딸레 부 ?

Je vais bien, merci.

쥬 베 비앙, 메흐씨.

Je suis ravi de vous rencontrer.

쥬 쒸이 하비 드 부 헝꽁트헤.

Au revoir.

오 흐부아흐.

A bientôt.

아 비앙또.

Bonne journée.

본 쥬흐네.

Bonne chance !

본 셩쓰 !

거내 공항 호텔 식당 교통 관광 쇼핑 공공시설 긴급상황 귀국

소개하기

- 성함이 어떻게 되십니까?

- 제 이름은 김한동입니다.

- 제 소개를 하겠습니다.

- 팀을 소개하겠습니다.

- 이 분은 팀입니다.

- 어디에서 오셨습니까?

- 저는 한국 서울에서 왔습니다.

- 제 명함입니다.

- 좋은 친구가 되었으면 합니다.

Comment vous appelez-vous ?

꼬멍 부 자뻴레 부 ?

Je m'appelle Han-dong Kim.

쥬 마뻴 한동 킴.

Je vais me présenter.

쥬 베 므 프헤정떼.

Je vous présente Tim.

쥬 부 프헤정뜨 팀.

Il s'appelle Tim.

일 싸뻴 팀.

Il / Elle
일/엘
그/그녀

D'où venez-vous ?

두 브네 부 ?

Je viens de la Corée du Sud, de Séoul.

쥬 비앙 들 라 꼬헤 뒤 쉳, 드 쎄울.

Voici ma carte de visite.

부아씨 마 꺄흐뜨 드 비짓뜨.

Je voudrais qu'on soit amis.

쥬 부드헤 꽁 쑤아 아미.

상대방에게 질문하기 (1)

- 언제 시작합니까?

- 언제 떠나십니까?

- 어디에 사세요?

- 화장실은 어디에 있습니까?

- 여기가 어디입니까?

- 몇 시입니까?

- 무슨 일을 하십니까?

- 오늘이 며칠입니까?

- 오늘 날씨가 어떻습니까?

Quand est-ce qu'on commence ?

껑 떼스꽁 꼬멍쓰 ?

Quand est-ce que vous partez ?

껑 떼스끄 부 빠흐떼 ?

Où habitez-vous ?

우 아비떼 부 ?

Où sont les toilettes ?

우 쏭 레 또알렛 ?

Où est-ce que je suis ?

우 에스끄 쥬 쒸이 ?

Avez-vous l'heure, s'il vous plaît ?

아베 부 뢰흐, 씰 부 쁠레 ?

Que faites-vous dans la vie ?

끄 펫 부 덩 라 비 ?

Quel jour sommes-nous ?

껠 쥬흐 쏨 누 ?

Quel temps fait-il ?

껠 떵 페 띨 ?

상대방에게 질문하기 (2)

- 몇 분이십니까?

- 이 단어는 어떻게 발음합니까?

- 왜 늦었어요?

- 왜 그렇게 생각합니까?

- 누구세요? (전화)

- 어느 버스가 시내로 갑니까?

- 어느 것을 원하십니까?

- 만져 봐도 될까요?

- 이 근처에 화장실이 있습니까?

Vous êtes combien ?
부 젯 꼼비앙 ?

Comment ça se prononce ?
꼬멍 싸 쓰 프호농쓰 ?

Pourquoi êtes-vous en retard ?
뿌흐꾸아 엣뜨 부 엉 흐따흐 ?

Pourquoi pensez-vous cela ?
뿌흐꾸아 뻥쎄 부 쓸라 ?

Qui êtes-vous ?
끼 엣 부 ?

Quel bus va au centre-ville ?
깰 뷔쓰 바 오 썽트흐 빌 ?

Lequel voulez-vous ?
르깰 불레 부 ?

Je peux toucher ?
쥬 쁘 뚜셰 ?

Y a-t-il des toilettes à côté d'ici ?
이 아 띨 데 또알렛 아 꼬떼 디씨 ?

상대방의 질문에 대답하기

- 예. / 아니오.

- 좋은 생각입니다.

- 알겠습니다.

- 저도 그렇게 생각합니다.

- 맞습니다.

- 아니오, 괜찮습니다.

- 모르겠습니다.

- 정말입니까?

- 다시 한 번 말씀해 주시겠어요?

Oui. / Non.
위 / 농

C'est une bonne idée.
쎄 뛴 보 니데.

D'accord.
다꼬흐.

Je pense aussi.
쥬 뻥쓰 오씨.

C'est vrai.
쎄 브헤.

Non, merci.
농 메흐씨.

Je ne sais pas.
쥬 느 쎄 빠.

C'est vrai ?
쎄 브헤 ?

Pouvez-vous répéter, s'il vous plaît?
뿌베 부 헤뻬떼, 씰 부 쁠레 ?

기내 공항 호텔 식당 교통 관광 쇼핑 공공시설 긴급상황 귀국

추고 및 제안하기

- 갑시다.

- 각자 계산합시다.

- 같이 춤을 추어요.

- 그곳에 가지 않을래요?

- 쇼핑 어때요?

- 식사하러 가시겠어요?

- 박물관에 가는 것이 낫겠어요.

- 스테이크를 권해드리고 싶군요.

- 제가 같이 가겠습니다.

On y va.
오 니 바.

Chacun paie sa part.
샤깡 뻬 싸 빠흐.

Allons danser.
알롱 덩쎄.

Vous ne voulez pas y aller ?
부 느 불레 빠 이 알레 ?

Que pensez-vous d'aller faire du shopping ?
끄 뻥쎄 부 달레 페흐 뒤 쇼삥 ?

Voulez-vous aller manger ?
불레 부 알레 멍제 ?

Vous devriez aller au musée.
부 드브히에 알레 오 뮈제.

Je vous recommande le steak.
쥬 부 흐꼬멍드 르 스떽.

Je vais venir avec vous.
쥬 베 브니흐 아벡 부.

감사 및 사과하기

- 고맙습니다.

- 친절히 대해 주셔서 감사합니다.

- 오히려 제 기쁨입니다.

- 실례합니다.

- 괜찮습니다.

- 죄송합니다.

- 신경 쓰지 마세요.

- 제가 실수를 했습니다.

- 고의로 그런 것은 아닙니다.

Merci.
메흐씨.

Merci pour votre gentillesse.
메흐씨 뿌흐 보트흐 정띠에쓰.

Tout le plaisir est pour moi.
뚤 르 쁠레지흐 에 뿌흐 모마.

Excusez-moi.
엑쓰뀌제 모아.

Ce n'est pas grave.
쓰 네 빠 그하브.

Je suis désolé.
쥬 쒸이 데졸레.

Ne vous inquiétez pas.
느 부 장끼에떼 빠.

J'ai fait une erreur.
제 페 윈 에뤄흐.

Je n'ai pas fait exprès.
쥬 네 빠 페 엑쓰프헤.

부탁하기

- 예약을 하고 싶습니다.

- 동물원에 가고 싶습니다.

- 테니스를 하고 싶어요.

- 이것으로 주세요.

- 부탁 좀 해도 될까요?

- 여기서 담배를 피워도 됩니까?

- 어떻게 하면 그곳에 갈 수 있지요?

- 들어가도 됩니까?

- 제게 편지해 주세요.

Je voudrais faire une réservation.

쥬 부드헤 페흐 윈 헤제흐바씨옹.

Je voudrais aller au zoo.

쥬 부드헤 알레 오 조오.

Je voudrais jouer au tennis.

쥬 부드헤 주에 오 떼니쓰.

Je vais prendre cela, s'il vous plaît.

쥬 베 프헝드흐 쏠라, 씰 부 쁠레.

Je peux vous demander quelque chose ?

쥬 쁘 부 드멍데 깰끄 쇼즈 ?

Est-ce que je peux fumer ici ?

에스끄 쥬 쁘 퓌메 이씨 ?

Comment est-ce que je peux y aller ?

꼬멍 에스끄 쥬 쁘 이 알레 ?

Est-ce que je peux entrer ?

에스끄 쥬 쁘 엉트헤 ?

Ecrivez-moi.

에크히베 모아.

초대 및 방문하기

- 초대해 주셔서 감사합니다.

- 물론 가고말고요.

- 다른 약속이 있습니다.

- 코트 이리로 주세요.

- 파티에 초대하고 싶습니다.

- 건배합시다.

- 충분합니다.

- 편히 쉬세요.

- 마음껏 드세요.

Je vous remercie pour votre invitation.

쥬 부 흐메흐씨 뿌흐 보트흐 앙비따씨옹.

Bien sûr que je vais venir.

비앙 쒸흐 끄 쥬 베 브니흐.

J'ai un autre rendez-vous.

제 엉 으트흐 헝데 부.

Donnez-moi votre manteau.

도네 도아 보트흐 멍또.

Je voudrais vous inviter à une fête.

쥬 부드헤 부 장비떼 아 윈 펫뜨.

Santé !

썽떼 !

Ça suffit.

싸 쒸피.

Reposez-vous bien.

흐뽀제 부 비앙.

Bon appétit.

보 나뻬띠.

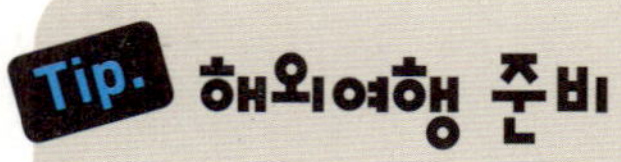

해외여행을 하려면 꼭 준비해야 하는 것들이 있다.
여권 만들기 → 비자 취득 → 여행정보 수집 → 국제 운전면허증 등 증명서 만들기 →
출국 교통편 결정 → 숙박 예약 → 환전 및 짐 꾸리기 등.

여권 (Passport)

해외에서는 여권이 신분증이다. 해외여행을 할 때 돈보다도 중요한 것이 바로 이 여권이다.

비자 (VISA)

방문하고자 하는 나라로부터 입국을 허가받는 것이 바로 비자다. 우리나라와 무비자 협정을
맺은 나라라면 비자 없이 여권만 가지고도 일정 기간 동안 방문할 수 있다. 프랑스는 우리나
라와 무비자 협정을 맺은 나라이기 때문에 여권으로만 3개월 동안 무비자로 체류할 수 있다.

항공권

항공권은 왕복오픈티켓을 구입하는 것이 좋다. 왕복할인이 적용될 뿐 아니라, 보통 유효기간
이 1년 이내이므로 언제든지 자신의 계획에 맞추어 여행할 수 있다.

현금

현금은 안전성에 문제가 있고 다른 통화와 환전할 때 환율상 다소 불리한 점이 있긴 하지만,
조금쯤은 준비할 필요가 있다.

여행자수표 (T/C: Traveler's Check)

여행자를 위한 수표로, 어디서나 환전이 가능하며 호텔이나 면세점에서 현금처럼 사용할 수
있다. 여행자수표를 잃어버렸을 때는 소정의 수속을 밟으면 찾을 수 있다.

신용카드

신용카드는 언제 어디서나 현금처럼 사용할 수 있기 때문에, 해외여행자들에게는 꼭 필요한
준비물이다. 카드는 국제적으로 통용되는 것으로 준비하자.

여행자보험 (Traveler's Insurance)

갑작스럽게 일어날 수 있는 사고에 대비한 보험으로, 보험료도 저렴하고 가입절차도 간편하다.

국제 운전면허증 (International Driver's Permit)

프랑스에서 렌트카를 이용할 때 등, 여러 경우에 신분증으로 대용할 수 있다. 유효기간은 1년
이며 장기 체류자는 현지에서 면허를 취득해야 한다.

팁에 관하여

프랑스의 경우 팁 문화가 다른 나라에 비해 많이 발달 되어 있지 않지만 카페나 레스토랑에서는
1~2 유로 정도의 약간의 팁을 주는 것이 일상생활화 되어 있다. 프랑스에서는 요금에 서비스료가
포함되어 있지만 고급호텔이나 레스토랑에서는 요금의 10% 정도의 팁을 주는 것이 보통이다.

Chapter 02

기내

좌석 찾기

- 자리를 찾고 있습니다.

- 손님 좌석은 앞쪽입니다.

- 좀 지나가겠습니다.

- 일등석이 어디인가요?

- 가방 좀 올려 주시겠어요?

- 자리를 바꿔도 될까요?

- 의자를 뒤로 젖혀도 될까요?

- 안전벨트를 매 주십시오.

- 이 안전벨트는 어떻게 매나요?

Je cherche mon siège.

쥬 셰흐슈 몽 씨에쥬.

Votre siège est devant.

보트흐 씨에쥬 에 드벙.

Est-ce que je peux passer ?

에스끄 쥬 쁘 빠쎄 ?

Où sont les fauteuils de la première classe ?

우 쏭 레 포둬이 들 라 프흐미에흐 끌라쓰 ?

Pourriez-vous mettre mes baggages ?

뿌히에 부 메트흐 메 바갸쥬 ?

Pourrais-je changer de place ?

뿌헤 쥬 성제 드 쁠라쓰 ?

Pourrais-je mettre le siège en arrière ?

뿌헤 쥬 메트흐 르 씨에쥬 어 나리에흐 ?

Mettez votre ceinture de sécurité, s'il vous plaît.

메떼 보트흐 쌍뛰흐 드 쎄뀨히떼, 씰 부 쁠레.

Comment met-on la ceinture de sécurité ?

꼬멍 메똥 멜 라 쌍뛰흐 드 쎄뀨히떼 ?

음료 서비스 받기

- 음료수를 드시겠습니까?

- 어떤 음료수가 있습니까?

- 커피, 홍차, 오렌지 주스가 있습니다.

- 커피 주세요.

- 커피는 어떻게 해 드릴까요?

- 녹차 있습니까?

- 한 잔 더 주시겠어요?

- 우유를 좀 더 드릴까요?

- 맥주 한 캔 주세요.

Voulez-vous quelque chose à boire ?

불레 부 껠끄 쇼즈 아 부아흐 ?

Qu'est-ce qu'il y a comme boisson ?

께스낄리아 꼼 부아쏭 ?

Nous avons du café, du thé et du jus d'orange.

누 자봉 뒤 까페, 뒤 떼 에 뒤 쥐 도헝쥬

Un café, s'il vous plaît.

엉 꺄페, 씰 부 쁠레.

un chocolat chaud
엉 쇼꼴라 쇼
코코아

Comment voulez-vous votre café ?

꼬멍 불레 부 보트흐 꺄페 ?

Avez-vous du thé vert ?

아베 부 뒤 떼 베흐 ?

Est-ce que je peux avoir un autre ?

에스끄 쥬 쁘 아부아흐 어 노트흐 ?

Vous désirez plus de lait ?

부 데지헤 쁠뤼쓰 들 레 ?

Une bière, s'il vous plaît.

윈 비에흐, 씰 부 쁠레.

식사 서비스 받기

- 아침식사를 하시겠습니까?

- 오믈렛으로 주세요.

- 지금은 먹고 싶지 않습니다.

- 특별한 기내식을 시켰습니다.

- 나중에 먹어도 될까요?

- 지금 식사해도 될까요?

- 식사 다 하셨습니까?

- 예, 잘 먹었습니다.

- 포크가 없습니다.

Voulez-vous prendre le petit déjeuner ?

불레 부 프헝드흐 르 쁘띠 데즈네 ?

Je voudrais une omelette, s'il vous plaît.

쥬 부드헤 윈 오믈렛, 씰 부 쁠레.

Je ne veux pas manger pour le moment.

쥬 느 브 빠 멍제 뿌흘 르 모멍.

J'ai demandé un repas spécial.

제 드멍데 엉 흐빠 스뻬씨알

Est-ce que je peux manger plus tard ?

에스끄 쥬 쁘 멍제 쁠뤼 따흐 ?

Est-ce que je peux prendre le repas maintenant ?

에스끄 쥬 쁘 프헝드흐 르 흐빠 망뜨넝 ?

Avez-vous terminé ?

아베 부 떼흐미네 ?

Oui, c'était très bon.

위, 쎄떼 트헤 봉.

Je n'ai pas de fourchette.

쥬 네 빠 드 푸흐셋뜨.

기타 서비스 요청하기

- 담요 한 장 주시겠습니까?

- 예, 잠시만 기다려 주십시오.

- 뭐 좀 물어봐도 될까요?

- 읽을 것 좀 주시겠습니까?

- 언제쯤 도착합니까?

- 비행시간이 얼마나 됩니까?

- 이것은 유료입니까?

- 에어컨은 어떻게 조절하나요?

- 이어폰이 고장 났습니다.

Puis-je avoir une couverture, s'il vous plaît ?
뿨이 쥬 아부아흐 원 꾸베흐뛰흐, 씰 부 쁠레 ?

Oui, je vous l'apporte tout de suite.
위, 쥬 부 라뽀흐뜨 뚜 드 스윗뜨.

Est-ce que je peux vous demander quelque chose ?
에스끄 쥬 쁘 부 드멍데 깰끄 쇼즈 ?

Je voudrais quelque chose à lire.
쥬 부드헤 깰끄 쇼즈 알 리흐

Quand est-ce qu'on va arriver ?
껑 떼스꽁 바 아히베 ?

Combien de temps dure le vol ?
꼼비앙 드 떵 뒤흐 르 볼 ?

Est-ce que c'est payant ?
에스끄 쎄 뻬이영 ?

Comment puis-je régler l'air conditionné ?
꼬멍 뿨이 쥬 헤글레 레흐 꽁디씨오네 ?

Les écouteurs ne marchent pas.
레 제꾸뚸흐 느 마흐슈 빠.

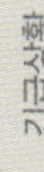

간단한 의료 서비스 받기

- 몸이 좀 불편합니다.

- 배가 아파요.

- 멀미가 납니다.

- 열이 나요.

- 숨쉬기가 곤란해요.

- 약을 가져다 드릴까요?

- 약 좀 주세요.

- 약 먹을 물 좀 주세요.

- 위생봉투 있나요?

Je ne me sens pas bien.
쥬 느 므 썽 빠 비앙

J'ai mal au ventre.
제 말 오 벙트흐.

J'ai des nausées.
제 데 노제.

J'ai de la fièvre.
제 들 라 피에브흐.

chaud
쇼
더운

froid
프후아
추운

Je n'arrive pas à bien respirer.
쥬 나히브 빠 아 비앙 헤스삐헤.

Voulez-vous un médicament ?
불레 부 엉 메디꺄멍 ?

Je voudrais un médicament, s'il vous plaît.
쥬 부드히 엉 메디꺄멍, 씰 부 쁠레.

Je voudrais de l'eau pour prendre le médicament.
쥬 부드헤 들 로 뿌흐 프헝드흐 르 메디꺄멍.

Avez-vous un sac pour le mal de l'air ?
아베 부 엉 싹 뿌흐 르 말 들 레흐 ?

출국 절차

비행기를 이용할 때는 출발 2시간 전까지, 배편은 출발 3시간 전까지 도착하여 탑승 절차를 밟아야 한다.

공항에서의 출국 순서

탑승 수속 ⇒ 보안 검사 ⇒ 세관 신고 ⇒ 출국 심사 ⇒ 탑승 대기

공항에 도착하여 그곳 은행에서 공항이용권을 구입하고, 출국신고서 등 기타 필요한 준비물을 준비해 두면 편리하다.

기내에서 도착까지

기내에 오르면 탑승권에 적힌 지정좌석을 찾는다. 휴대한 짐은 좌석 위 선반이나 아래 공간에 넣으면 된다.
기내에서는 안전벨트를 착용하고, 벨트 착용 표시등이 꺼질 때까지 풀지 말아야 한다. 벨트 착용 표시등이 꺼졌을 때는 벨트를 풀 수 있으며 자리 이동도 가능하다.

환승시 주의할 점

환승은 비행기를 갈아타거나 급유로 인하여 비행기가 기착할 때 이루어지는데, 이때 환승 전 대기는 기내에서 대기하는 경우와 공항빌딩으로 나가 대기하는 경우의 두 가지가 있다.
공항 빌딩으로 나가게 될 경우 도착지 공항에 내리는 사람과 동시에 나가게 되는데, 간혹 앞사람만 따라가다 보면 공항 밖으로 나갈 수 있으므로 조심해야 한다.
짐은 최종 목적지까지 직접 운송되므로 환승 시에는 신경 쓰지 않아도 된다.

공항

비자 신청 및 인터뷰하기

- 방문 목적이 무엇입니까?

- 여행 목적은 비즈니스입니다.

- 프랑스에 가 본 적이 있습니까?

- 얼마동안 머무르실 계획입니까?

- 혼자 여행하실 겁니까?

- 누가 당신을 프랑스로 초대했습니까?

- 누구와 함께 체류하실 겁니까?

- 어디서 체류하실 예정입니까?

- 이 양식을 작성해서 사진과 함께 제출해 주십시오.

Quelle est la raison de votre visite ?

깰 렐 라 헤종 드 보트흐 비짓뜨 ?

Je suis en voyage d'affaires.

쥬 쒸이 엉 부아이야쥬 다페흐

Avez-vous déjà été en France ?

아베 부 데자 에떼 엉 프헝쓰 ?

Combien de jours allez vous rester ?

꼼비앙 드 주흐 알레 부 헤스떼 ?

Allez-vous voyager seul ?

알레 부 부아이야제 쐴 ?

Qui vous a invité en France ?

끼 부 자 앙비떼 엉 프헝쓰 ?

Avec qui allez vous séjourner ici ?

아벡 끼 알레 부 쎄주흐네 이씨 ?

Où allez-vous rester ?

우 알레 부 헤스떼 ?

Vous devez remplir cette fiche et nous la donner avec une photo.

부 드베 헝쁠리흐 셋 피슈 에 눌 라 도네 아벡 퀸 포또.

비행기 갈아타기

- 저는 여기서 갈아타야 합니다.

- 이 비행기를 타야 합니다.

- 갈아타는 곳이 어디입니까?

- 몇 번 출구로 가야 하나요?

- 탑승은 몇 시부터입니까?

J'ai un vol de correspondance.

제 엉 볼 드 꼬헤스뽕덩쓰.

Je dois prendre ce vol.

쥬 도아 프헝드흐 쓰 볼.

Où est le comptoir de correspondance ?

우 엘 르 꽁뚜아흐 드 꼬헤스뽕덩쓰 ?

Quelle est la porte d'embarquement ?

깰 렐 라 뽀흐뜨 덩바흐끄멍 ?

A quelle heure doit-on embarquer ?

아 깰 뤄흐 도아 똥 엉바흐께 ?

입국 심사 받기

- 여권을 보여 주십시오.

- 여기 있습니다.

- 방문 목적이 무엇입니까?

- 관광입니다.

- 여기에서 얼마나 머무르실 겁니까?

- 10일이요.

- 어디에서 머무르실 예정입니까?

- 라마다 호텔이요.

- 아직 정하지 못했습니다.

Votre passeport, s'il vous plaît.

보트흐 빠스뽀흐 씰 부 쁠레.

Tenez.

뜨네.

Quelle est la raison de votre visite ?

깰 렐 라 헤종 드 보트흐 비짓뜨 ?

Je viens pour visiter.

쥬 비앙 뿌흐 비지떼.

Je viens pour voir la famille.
쥬 비앙 뿌흐 부아흐 라 파미으.
가족들 보러간다

Je viens pour voir les amis.
쥬 비앙 뿌흐 부아흐 레 자미.
친구를 보러간다

Combien de jours allez-vous rester ?

꽁비앙 드 주흐 알레 부 헤스떼 ?

Je vais rester 10 jours.

쥬 베 헤스떼 디 주흐.

Où allez-vous rester ?

우 알레 부 헤스떼 ?

A l'hôtel Ramada.

알 로뗄 하마다.

Je n'ai pas encore choisi.

쥬 네 빠 정꼬흐 쇼아지.

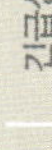

짐 찾기

- 짐은 어디에서 찾습니까?

- 어느 비행기로 오셨습니까?

- 노스웨스트 011기로 왔습니다.

- 짐을 잃어버렸습니다.

- 내 짐이 보이지 않습니다.

- 내 짐이 아직 나오지 않았어요.

- 수하물 보관표를 보여 주세요.

- 가방이 망가졌어요.

- 수하물부에 신고하세요.

Où est-ce que je peux chercher mes baggages ?

우 에스끄 쥬 쁘 셰흐셰 메 바갸쥬 ?

Quel est votre vol ?

깰 레 보트흐 볼 ?

Le vol Air France 011.

르 볼 에흐 프헝쓰 제호 옹즈.

J'ai perdu mes baggages.

제 뻬흐뒤 메 바갸쥬.

Je ne trouve pas mes baggages.

쥬 느 트후브 빠 메 바갸쥬.

Mes baggages ne sont pas encore sortis.

메 바갸쥬 느 쏭 빠 정꼬흐 쏘흐띠.

Montrez-moi votre numéro de baggage.

몽트헤 모아 보트흐 뉘메호 드 바갸쥬.

Ma valise est cassée.

마 발리즈 에 꺄쎄.

Allez voir le service des baggages.

알레 부아흐 르 쎄흐비쓰 데 바갸쥬.

세관 검사 받기

- 세관신고서를 보여주십시오.

- 신고할 것이 있습니까?

- 없습니다.

- 짐은 이것이 전부입니까?

- 이 가방을 열어 주시겠습니까?

- 그러죠.

- 이것은 가족에게 줄 선물입니다.

- 그것은 제가 쓸 물건입니다.

- 저것은 가지고 갈 수 없습니다.

Votre fiche de déclaration, s'il vous plaît.

보트흐 피슈 드 데끌라하씨옹, 씰 부 쁠레.

Vous n'avez rien à déclarer ?

부 나베 히앙 아 데끌라헤 ?

Non, je n'ai rien à déclarer.

농, 쥬 네 히앙 아 데끌라헤.

C'est tout ce que vous avez ?

쎄 뚜 쓰 끄 부 자베 ?

Pouvez-vous ouvrir votre valise ?

뿌베 부 우브히흐 보트흐 발리즈 ?

Bien sûr.

비앙 쒸흐.

C'est un cadeau pour ma famille.

쎄 떵 꺄도 뿌흐 마 파미으.

C'est pour un usage personnel.

쎄 뿌흐 어 뉘자쥬 뻬흐쏘넬.

Vous ne pouvez pas apporter ceci.

부 느 뿌베 빠 아뽀흐떼 쓰씨.

환전 서비스 이용하기

- 은행이 어디에 있습니까?

- 이 수표를 현금으로 바꿔 주십시오.

- 이 돈을 유로로 바꿔 주세요.

- 어떻게 바꿔 드릴까요?

- 모두 10유로짜리로 주세요.

- 돈 여기 있습니다.

- 환율이 어떻게 됩니까?

- 여행자수표를 현금화하려고 하는데요.

- 알겠습니다. 사인해 주세요.

Où est la banque, s'il vous plaît ?

우 에 라 벙끄, 씰 부 쁠레 ?

Je voudrais changer ce chèque en espèce.

쥬 부드헤 성제 쓰 섹끄 어 네스뻬쓰.

Je voudrais changer ceci en euro.

쥬 부드헤 성제 쓰씨 엉 유로.

| le guichet automatique |
| 르 기셰 오또마띡 |
| 현금자동인출기 |
| le bureau de change |
| 르 뷔호 드 성쥬 |
| 환전업자 |

Comment voulez-vous votre argent ?

꼬멍 불레 부 보트흐 아흐정 ?

En billet de 10 euros, s'il vous plaît.

엉 비에 드 디 유로, 씰 부 쁠레.

Voici votre argent.

부아씨 보트흐 아흐정.

| de grosses coupures |
| 드 그호쓰 꾸뻬흐 |
| 고액지폐 |
| en billet de 100 euros |
| 엉 비에 드 썽 유로 |
| 100유로 |

Quel est le taux de change ?

깰 렐 르 또 드 성쥬 ?

Je voudrais changer ce chèque de voyage en espèce.

쥬 부드헤 성제 쓰 셰끄 드 부아이야쥬 어 네스뻬쓰.

Très bien. Signez ici, s'il vous plaît.

트헤 비앙. 씨녜 이씨, 씰 부 쁠레.

여행자·안내소에 문의하기

- 시내로 가는 버스를 타는 곳이 어디입니까?

- 택시를 타는 곳이 어디입니까?

- 지하철 노선도를 얻을 수 있습니까?

- 호텔 리스트 한 장 주세요.

- 값싼 호텔 한 군데 추천해 주시겠어요?

- 여기서 호텔을 예약할 수 있습니까?

- 예약 좀 해 주시겠습니까?

- 유스호스텔까지 어떻게 가면 되지요?

- 약도를 그려 주시겠어요?

Où est-ce que je peux prendre le bus pour aller au centre-ville ?
우 에스끄 쥬 쁘 프헝드흐 르 뷔쓰 뿌흐 알레 오 썽트흐빌 ?

Où est-ce que je peux prendre le taxi ?
우 에스끄 쥬 쁘 프헝드흐 르 딱씨 ?

Est-ce que je peux avoir le plan de métro ?
에스끄 쥬 쁘 아부아흐 르 쁠렁 드 메트호 ?

Est-ce que je peux avoir la liste des hôtels ?
에스끄 쥬 쁘 아부아흐 랄 리스뜨 데 조뗄 ?

Pouvez-vous me conseiller un hôtel bon marché ?
뿌베 부 므 꽁쎄이에 어 노뗄 봉 마흐셰 ?

Puis-je réserver un hôtel ici ?
쀠이 쥬 헤제흐베 어 노뗄 이씨 ?

Pouvez-vous me le réserver ?
뿌베 부 믈 르 헤제흐베 ?

Comment je peux me rendre à l'auberge de jeunesse ?
꼬멍 쥬 쁘 므 헝드흐 알 로베흐쥬 드 즈네쓰 ?

Pourriez-vous me dessiner un plan ?
뿌히에 부 므 데씨네 엉 쁠렁 ?

입국신고서 작성하기

- 이 서류를 작성해 주십시오.

- 이 서류를 어떻게 작성하면 됩니까?

- 작성한 것 좀 봐 주시겠어요?

- 이렇게 하면 되나요?

- 카드 한 장 더 주시겠어요?

Remplissez cette fiche, s'il vous plaît.

헝쁠리쎄 셋뜨 피슈, 씰 부 쁠레.

Comment dois-je remplir cette fiche ?

꼬멍 도아 쥬 헝쁠리흐 셋뜨 피슈 ?

Pouvez-vous vérifier si c'est bon ?

뿌베 부 베히피에 씨 쎄 봉 ?

Est-ce que c'est bon comme ça ?

에스끄 쎄 봉 꼼 싸 ?

Puis-je avoir encore une fiche, s'il vous plaît ?

쀠이 쥬 아부아흐 엉꼬흐 윈 피슈, 씰 부 쁠레 ?

도착지 입국 절차

입국 심사

비행기에서 내려 Arrival 표시가 있는 곳으로 가면, 입국 심사를 받는 장소가 나온다. 이곳에서 여권, 입국신고서, 세관신고서, 돌아갈 때 이용할 항공권 등 입국에 필요한 서류들을 보여주면 입국 심사가 시작된다. 입국 순서는 나라별로 약간의 차이가 있지만 대체로 간단한 편이다. 입국 절차를 밟을 때 필요한 서류는 기내에서 승무원이 목적지에 도착하기 전에 나누어 준다.

〈공항에서의 입국 순서〉
입국 심사 ⇒ 검역 확인 ⇒ 짐 찾기 ⇒ 세관검사
검역 확인은 특별한 사항이 없는 경우 보통 생략되거나, 서류로 대체된다.

짐 찾기

입국심사대를 나오면 '수화물 회수지역(Terminal des bagages)'으로 가서 짐을 찾는데, 자신이 타고 온 비행기 표시가 있는 곳으로 가야만 착오가 없다. 많은 짐이 한꺼번에 나오기 때문에 자신의 가방을 찾기가 쉽지 않다. 따라서 출발하기 전에 찾기 쉽도록 짐에 특별한 표시를 해 두면 아주 편리하다. 기다려도 자신의 짐이 나오지 않으면 탑승하고 온 항공사 직원에게 신고하고, 화물이 파손되었을 때는 보상을 받도록 한다.

세관 검사

짐을 찾은 후 세관(Douane) 표시가 있는 검사대로 가서, 여권과 세관신고서를 제출하고 짐 검사를 받는다. 이때 신고할 물건이 없으면 비과세 대상의 녹색 표시 신고대로 가서 세관 검사를 받는다. 1만 달러 이상의 현금을 소지하고 있을 경우에는 갖고 있는 금액을 정확히 신고해야 한다.

Chapter **04** 호텔

체크인 (예약을 안 한 경우)

- 예약을 하지 않았습니다.

- 방 있습니까?

- 어떤 방으로 드릴까요?

- 싱글룸으로 주세요.

- 방을 보고 싶습니다.

- 이 방으로 하겠습니다.

- 더 싼 방은 없습니까?

- 하루 요금이 얼마입니까?

- 아침 식사는 포함되어 있습니까?

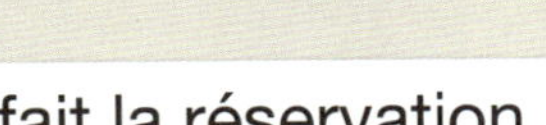

Je n'ai pas fait la réservation.

쥬 네 빠 펠 라 헤제흐바씨옹.

Avez-vous une chambre libre ?

아베부 원 셩브흐 리브흐 ?

Quelle chambre voulez-vous ?

깰 셩브흐 불레 부 ?

Je voudrais une chambre simple.

쥬 부드헤 원 셩브흐 쌍쁠르

Je voudrais voir la chambre.

쥬 부드헤 부아흐 라 셩브흐.

Je vais prendre cette chambre.

쥬 부드헤 프헝드흐 셋 셩브흐.

une chambre double
원 셩브흐 두블르
더블룸

une chambre normale
원 셩브흐 노흐말
베이직룸

une suite
원 스윗뜨
스위트룸

Y a-t-il une chambre moins chère ?

이 야띨 원 셩브흐 모앙 셰흐 ?

Combien coûte la chambre par nuit ?

꽁비앙 꿋뜨 라 셩브흐 빠흐 뉘이 ?

Est-ce que le petit déjeuner est inclus ?

에스끄 르 쁘띠 데즈네 에 땅끌뤼 ?

체크인 (예약을 한 경우)

- 예약을 했습니다.

- 성함이 어떻게 되십니까?

- 어느 분의 이름으로 예약되어 있습니까?

- 김철호입니다.

- 얼마나 머무르실 겁니까?

- 언제 퇴실하실 겁니까?

- 숙박비는 어떻게 지불하시겠습니까?

- 신용카드로 계산할 겁니다.

- 731호실 열쇠 여기 있습니다.

J'ai fait la réservation.

제 페 라 헤제흐바씨옹

Puis-je avoir votre nom ?

쀠이 쥬 아부아흐 보트흐 농 ?

La réservation est à quel nom ?

라 헤제흐바씨옹 에 따 껠 농 ?

Au nom de Chul-ho Kim.

오 농 드 철호 킴.

Combien de jours allez-vous rester ?

꽁비앙 드 주흐 알레 부 헤스떼 ?

Quand est-ce que vous allez partir ?

껑 떼스끄 부 잘레 빠흐띠흐 ?

Comment est-ce que vous allez régler ?

꼬멍 에스끄 부 잘레 헤글레 ?

Je vais payer par carte bleue.

쥬 베 뻬이에 빠흐 꺄흐뜨 블르.

Voici la clé de la chambre 731.

부아씰 라 끌레 들 라 셩브흐 셋썽 트헝 떼엉

룸서비스 이용하기

- 룸서비스 부탁합니다.

- 룸서비스는 어떻게 부릅니까?

- 0번을 누르십시오.

- 룸서비스입니까?

- 룸서비스입니다. 무엇을 도와 드릴까요?

- 따뜻한 물을 가져다주세요.

- 방이 너무 추워요.

- 문이 잠겨서 열 수가 없습니다.

- 빨리 좀 부탁합니다.

Bonjour, je voudrais le service d'étage, s'il vous plaît.
봉쥬흐, 쥬 부드헤 르 쎄흐비쓰 데따쥬, 씰 부 쁠레.

Comment puis-je appeler le sevice d'étage ?
꼬멍 쀠이 쥬 아쁠레 르 쎄흐비쓰 데따쥬 ?

Composez le zéro.
꽁뽀제 르 제호.

C'est le service d'étage ?
쎌 르 쎄흐비쓰 데따쥬 ?

Le service d'étage, bonjour. Que puis-je faire pour vous ?
르 쎄흐비쓰 데따쥬, 봉쥬흐. 끄 쀠이 쥬 페흐 뿌흐 부 ?

Pourriez-vous m'apporter un verre d'eau chaude, s'il vous plaît.
뿌히에 부 마뽀흐떼 엉 베흐 도 쇼드, 씰 부 쁠레.

des glaçons
데 글라쏭
얼음

un dentifrice
엉 덩띠프히쓰
치약

Il fait trop froid dans la chambre.
일 페 트호 프호아 덩 라 셩브흐.

La porte de ma chambre est fermée et je n'arrive pas à l'ouvrir.
라 뽀흐뜨 들 라 셩브흐 에 페흐메 에 쥬 나히브 빠 알 루브히흐.

Le plus tôt possible, s'il vous plaît.
르 쁠뤼 또 뽀씨블르, 씰 부 쁠레.

보관함 이용하기

- 보관함이 있습니까?

- 이것을 보관하고 싶습니다.

- 언제까지 사용하시겠습니까?

- 내일 밤까지요.

- 이 서류를 작성해 주십시오.

- 이렇게 하면 됩니까?

- 이 상자 안에 귀중품을 넣으면 됩니다.

- 카운터에 놓아두세요.

- 내 짐을 찾으러 왔습니다.

Est-ce qu'il y a une consigne ?
에쓰낄리아 윈 꽁씨뉴 ?

Je voudrais mettre cela à la consigne.
쥬 부드헤 메트흐 쓸라 알 라 꽁씨뉴.

Combien de temps allez-vous le laisser
dans la consigne ?
꽁비앙 드 떵 알레 부 르 레쎄 덩 라 꽁씨뉴 ?

Jusqu'à demain soir.
쥐스꺄 드망 쑤아흐.

Remplissez cette fiche, s'il vous plaît.
헝쁠라쎄 셋 피슈, 씰 부 쁠레.

Est-ce que ça va comme ça ?
에스끄 싸바 꼼 싸 ?

Vous pouvez mettre vos objets
dans cette boîte.
부 뿌베 메트흐 보 조브제 덩 셋 부앗뜨.

le sac à main
르 싹꺄망
핸드백

les bijoux
레 비쥬
예물

Vous pouvez le laisser au comptoir.
부 뿌베 르 레쎄 오 꽁뚜아흐.

Je voudrais récupérer mes affaires.
쥬 부드헤 헤뀌뻬헤 메 자페흐.

기타 서비스 요청하기

- 모닝콜 부탁합니다.

- 몇 시에 해 드릴까요?

- 내일 아침 7시 30분에 해 주세요.

- 여기는 1154호실입니다.

- 세탁서비스입니다.

- 셔츠 두 장 다림질 좀 해 주세요.

- 얼마나 걸립니까?

- 오래 걸리지 않습니다.

- 오늘밤까지 될까요?

Pouvez-vous me réveiller le matin ?

뿌베 부 므 헤베이에 르 마땅 ?

A quelle heure voulez-vous que je vous réveille ?

아 깰 뤄흐 불레 부 끄 쥬 부 헤베이으 ?

Demain matin à 7 heures 30, s'il vous plaît.

드망 마땅 아 셋 둬흐 트헝뜨, 씰부쁠레.

C 'est la chambre numéro 1154.

쎌 라 셩브흐 뉘메호 밀 셩 쌍껑끄 꺄트흐.

C'est le service de lavage.

쎌 르 쎄흐비쓰 들 라바쥬.

Pourriez-vous repasser mes 2 chemises ?

뿌히에 부 흐빠쎄 메 두 슈미즈 ?

> Le nettoyage à sec
> 네뚜아이야쥬 아 섹끄
> **세탁**

Combien de temps ça prend ?

꽁비앙 드 떵 싸 프헝 ?

Ça ne prend pas beaucoup de temps.

싸 느 프헝 빠 보꾸 드 떵.

Est-ce que je peux les avoir pour ce soir ?

에스끄 쥬 쁠 레 자부아흐 뿌흐 쓰 쑤아흐 ?

문제 해결하기

- 무슨 문제입니까?

- 내가 방에다 열쇠를 놓고 나왔어요.

- 내 방 자물쇠가 망가졌습니다.

- 에어콘이 고장났어요.

- 비누가 없습니다.

- 더운 물이 안 나옵니다.

- 방이 너무 더워요.

- 방을 좀 바꿔 주시겠습니까?

- 곧 사람을 보내겠습니다.

Quel est le problème ?

깰 렐 르 프호블렘 ?

Je suis sorti avec la clé à l'intérieur.

쥬 쒸이 쏘흐띠 아벡 라 끌레 알 랑떼리여흐.

La serrure ne marche pas.

라 쎄휘흐 느 마흐슈 빠.

L'air conditionné ne marche pas.

레흐 꽁디씨오네 느 마흐슈 빠.

Il n'y a pas de savon.

일니아 빠 드 싸봉.

Il n'y a pas d'eau chaude.

일니아 빠 도 쇼드.

Il fait trop chaud dans la chambre.

일 페 트호 쇼 덩 라 셩브흐.

Pourriez-vous changer ma chambre ?

뿌히에 부 셩제 마 셩브흐.

Je vais vous envoyer quelqu'un.

쥬 베 부 정부아이에 깰껑.

체크아웃하기

- 지금 체크아웃 하겠습니다.

- 계산서 여기 있습니다.

- 지불은 어떻게 하시겠습니까?

- 신용카드 받습니까?

- 예, 받습니다.

- 세금이 포함되어 있습니까?

- 이 요금은 무엇입니까?

- 계산이 잘못된 것 같습니다.

- 방에 두고 온 것이 있습니다.

Je vais régler ma note.

쥬 베 헤글레 마 노뜨.

Voici votre facture.

부아씨 보트흐 팍뛰흐.

Comment allez-vous régler ?

꼬멍 알레 부 헤글레 ?

Acceptez-vous la carte bleue ?

악셉떼 부 라 꺄흐뜨 블르 ?

Oui, nous l'acceptons.

위, 누 눌락셉똥.

La taxe est-elle comprise ?

라 딱쓰 에뗄 꽁프리즈 ?

la commission
라 꼬미씨옹
수수료

la facture
라 팍뛰흐
영수증

Quel est ce tarif ?

깰 레 쓰 따리프 ?

Je crois qu'il y a une erreur sur la facture.

쥬 크호아 낄 리 아 윈 에뤄흐 쒸흐 라 팍뛰흐.

J'ai laissé quelque chose dans la chambre.

제 레쎄 깰끄 쇼즈 덩 라 셩브흐.

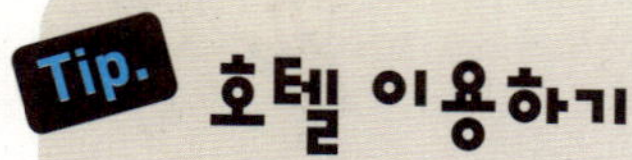

호텔 이용하기

호텔 이용시 예절

호텔은 휴식을 취하고, 잠을 청하는 곳이므로 큰 소리로 떠들어서는 안 된다. 또한 속옷차림으로 돌아다니거나, 객실용 슬리퍼를 신고 로비나 식당 등으로 다니는 것은 타인의 눈살을 찌푸리게 하는 보기 싫은 모양새이므로 주의해야 한다.

객실 열쇠

외출할 때는 열쇠를 반드시 프런트에 맡긴다. 객실 열쇠는 열쇠 기능뿐 아니라 전원에 연결되는 경우가 있다.

욕실 이용

샤워 시설이 없을 경우에는 샤워 커튼을 치고 욕조에서 샤워를 해야 하는데, 이때 커튼 자락이 밖으로 나가지 않도록 주의하자.

세탁물 처리

객실에 비치되어 있는 세탁 주문서에 필요사항을 기입하고, 지정된 장소에 세탁물을 넣어두면 된다.

텔레비전, 전화, 냉장고 그리고 인터넷

객실에 갖추어져 있는 것은 모두 무료라는 생각은 버려야 한다. 기본적인 경우를 제외하고는 텔레비전 시청도 요금에 청구된다는 사실을 잊지 말자.

비즈니스 센타

도심에 위치한 호텔에는 대부분 비즈니스 센타가 있다. 이곳에서는 워드작업, 복사, 번역, 통역, 항공권의 예약 및 취소, 팩스, 우편 등의 서비스를 제공해 준다.

휘트니스 시설

호텔의 부대 기능 중 가장 중요한 기능이다. 대표적인 시설로 헬스 클럽, 사우나, 수영장, 이·미용실, 테니스장, 조깅코스, 골프연습장 등이 있다.

식당

예약하기

- 예약을 하고 싶습니다.

- 일행이 몇 분이십니까?

- 두 사람입니다.

- 4인석 있습니까?

- 오늘 저녁 8시입니다.

- 준비해 놓겠습니다.

- 복장을 제한하나요?

- 넥타이를 매지 않아도 됩니까?

- 청바지는 안 되나요?

Je voudrais réserver une table, s'il vous plaît.

쥬 부드헤 헤제흐베 윈 따블르, 씰 부 쁠레.

Pour combien de personnes ?

뿌흐 꽁비앙 드 뻬흐쏜 ?

Pour 2 personnes, s'il vous plaît.

뿌흐 두 뻬흐쏜, 씰 부 쁠레.

Y a-t-il une table pour 4 personnes ?

이야띨 윈 따블르 뿌흐 꺄트흐 뻬흐쏜 ?

Pour ce soir à 8 heures.

뿌흐 쓰 쑤아흐 아 윗 둬흐.

Nous allons préparer la table pour vous.

누 잘롱 프헤빠헤 라 따블르 뿌흐 부.

Y a-t-il un code vestimentaire ?

이야띨 엉 꼬드 베스띠멍떼흐 ?

Puis-je venir sans cravate ?

쀠이 쥬 브니흐 썽 크하밧뜨

Puis-je venir en jean ?

쀠이 쥬 브니흐 엉 진 ?

테이블 안내 받기

- 자리 있습니까?

- 두 사람이 앉을 수 있는 자리 좀 부탁합니다.

- 저 혼자입니다.

- 어떤 자리를 원하십니까?

- 창가 자리로 부탁합니다.

- 여기 앉아도 됩니까?

- 이 자리는 예약이 되어 있습니다.

- 우리 차례가 아직 안 됐습니까?

- 조금 있다가 다시 오겠습니다.

Puis-je avoir une table ?

뿨이 쥬 아부아흐 윈 따블르 ?

Je voudrais une table pour 2 personnes, s'il vous plaît.

쥬 부드헤 윈 따블르 뿌흐 두 뻬흐쏜, 씰 부 쁠레.

Pour une personne, s'il vous plaît.

뿌흐 윈 뻬흐쏜, 씰 부 쁠레.

Quelle table voulez-vous ?

깰 따블르 불레 부 ?

Une table près de la fenêtre, s'il vous plaît.

윈 따블르 프헤 들 라 프네트흐, 씰 부 쁠레.

Puis-je m'asseoir ici ?

뿨이 쥬 마쑤아흐 이씨 ?

Cette table est déjà réservée.

셋 따블르 에 데자 헤제흐베.

Ce n'est pas encore notre tour ?

쓰 네 빠 정꼬흐 노트흐 뚜흐 ?

Je vais revenir un peu plus tard.

쥬 베 흐브니흐 엉 쁘 쁠뤼 따흐.

일반적인 주문하기(1)

- 메뉴 좀 주시겠어요?

- 메뉴 여기 있습니다.

- 주문하시겠습니까?

- 저녁식사로 어떤 것이 좋습니까?

- 스테이크는 어떻게 해 드릴까요?

- 완전히 익혀 주세요.

- 음식 맛이 어떻습니까?

- 이것 좀 치워 주세요.

- 여기서 담배를 피워도 됩니까?

Je voudrais la carte, s'il vous plaît.

쥬 부드헤 라 꺄흐뜨, 씰 부 쁠레.

Voici la carte.

부아씨 라 꺄흐뜨.

Avez-vous choisi ?

아베 부 쇼아지 ?

Que recommandriez-vous pour le dîner ?

끄 흐꼬멍드히에 부 뿌흘 르 디네 ?

Comment voulez-vous votre steak ?

꼬멍 불레 부 보트흐 스떽끄

Bien cuit, s'il vous plaît.

비앙 퀴이, 씰 부 쁠레.

griller
그히에
굽다

frit
프히
후라이

Comment trouvez-vous ce plat ?

꼬멍 불레 부 쓰 쁠라 ?

Pourriez-vous débarasser la table ?

뿌히에 부 데바하쎄 라 따블르 ?

Puis-je fumer ici ?

쀠이 쥬 퓌메 이씨 ?

일반적인 주문하기(2)

- 이 요리는 무엇입니까?

- 이 음식에 디저트가 포함되어 있나요?

- 이건 빨리 됩니까?

- 스프 하시겠습니까?

- 치킨스프로 하겠습니다.

- 가벼운 걸로 있습니까?

- 드레싱은 어떤 것으로 해 드릴까요?

- 이탈리안 드레싱으로 해 주세요.

- 후추 좀 건네주세요.

Quel est ce plat ?

깰 레 쓰 쁠라 ?

Est-ce que le dessert est compris ?

에스끄 르 데쎄흐 에 꽁프히 ?

Est-ce que ce sera prêt rapidement ?

에스끄 쓰 쓰하 프헤 하삐드멍 ?

Désirez-vous prendre une soupe ?

데지헤 부 프헝드흐 윈 쑵쁘 ?

Je voudrais la soupe au poulet.

쥬 부드헤 라 쑵쁘 오 뿔레.

Y a-t-il quelque chose de léger ?

이아띨 깰끄 쇼즈 들 레제 ?

Quelle sauce désirez-vous ?

깰 쏘쓰 데지헤 부 ?

Je voudrais la sauce italienne.

쥬 부드헤 라 쏘쓰 이딸리엔느.

française
프헝쎄즈
후랜치

moutarde
무따흐드
겨자

Pouvez-vous me donner du poivre, s'il vous plaît ?

뿌베 부 므 도네 뒤 뿌아브흐, 씰 부 쁠레 ?

- 어떤 음식이 좋습니까?

- 오늘 특별 요리가 무엇입니까?

- 이 지방의 유명한 음식이 무엇입니까?

- 주방장이 추천하는 요리는 무엇입니까?

- 이 요리를 권해 드리고 싶습니다.

- 오늘의 특별요리입니다.

- 그래요? 먹어보겠습니다.

- 같은 것으로 하겠습니다.

- 다른 것 좀 드릴까요?

Que me recommandez-vous ?
끄 므 흐꼬멍데 부 ?

Quel est le plat du jour ?
깰 렐 르 쁠라 뒤 주흐 ?

Quel est le plat de cette région ?
깰 렐 르 쁠라 드 셋 헤지옹 ?

Quel est le plat que recommande le chef ?
깰 렐 르 쁠라 끄 흐꼬멍드 르 셰프 ?

Je vous recommande ce plat.
쥬 부 흐꼬멍드 쓰 쁠라.

C'est le plat du jour.
쎌 르 쁠라 뒤 주흐.

Vraiment ? Je vais l'essayer.
브헤멍 ? 쥬 벨 레쎄이에.

Je voudrais la même chose.
쥬 부드헤 라 멤 쇼즈.

Désirez-vous d'autres choses ?
데지헤 부 도트흐 쇼즈 ?

디저트 주문하기

- 주문 받으세요.

- 디저트는 무엇으로 하시겠습니까?

- 아이스크림 주세요.

- 음료는 무엇으로 하시겠습니까?

- 레드 와인으로 하겠습니다.

- 카페오레로 주세요.

- 같은 것으로 주세요.

- 커피 좀 더 주세요.

- 디저트만 드시겠습니까?

Je voudrais commander, s'il vous plaît.

쥬 부드헤 꼬멍데, 씰 부 쁠레.

Que voulez-vous pour le dessert ?

끄 불레 부 뿌흘 르 데쎄흐 ?

Je voudrais une glace, s'il vous plaît.

쥬 부드헤 윈 글라쓰, 씰 부 쁠레.

Et comme boisson ?

에 꼼 부아쏭 ?

Du vin rouge, s'il vous plaît.

뒤 방 후쥬, 씰 부 쁠레.

Un café au lait, s'il vous plaît.

엉 꺄페 올레, 씰 부 쁠레.

La même chose, s'il vous plaît.

라 멤 쇼즈, 씰 부 쁠레.

Plus de café, s'il vous plaît.

쁠뤼쓰 드 꺄페, 씰 부 쁠레.

de thé	d'eau
드	드
차	물

Vous prenez juste le dessert ?

부 프흐네 쥐스뜰 르 데쎄흐 ?

패스트푸드 주문하기

- 이 근처에 패스트푸드점이 있습니까?

- 햄버거 하나 주세요.

- 빅맥 세트 주세요.

- 여기서 드실 겁니까, 가지고 가시겠습니까?

- 여기서 먹을 겁니다.

- 어떤 것을 얹어 드릴까요?

- 상추랑 피클 넣어주세요.

- 겨자소스로 해 주세요.

- 콜라 대신 커피로 할 수 있을까요?

Est-ce qu'il y a un restaurant fast-food à côté d'ici ?

에스 낄리아 엉 헤스또헝 파스뜨 푸드 아 꼬떼 디씨 ?

Un hamburger, s'il vous plaît.

엉 엄부흐겨흐, 씰 부 쁠레.

Un menu Big Mac, s'il vous plaît.

엉 므뉘 빅막, 씰 부 쁠레.

Sur place ou à emporter ?

쒸흐 쁠라쓰 우 아 엉뽀흐떼 ?

Sur place.

쒸흐 쁠라쓰.

Que désirez-vous avec ?

끄 데지헤 부 아벡 ?

De la salade et des pickles, s'il vous plaît.

들라 쌀라드 에 데 삐끌르, 씰 부 쁠레.

La sauce moutarde, s'il vous plaît.

라 쏘쓰 무따흐드, 씰 부 쁠레.

La mayonnaise
라 마요네즈
마요네즈
Le ketchup
르 께첩
캐첩

Puis-je avoir le café à la place du coca ?

쀠이 쥬 아부아흘 르 꺄페 알 라 쁠라쓰 뒤 꼬꺄 ?

술집에서 주문하기

- 스낵바가 어디에 있습니까?

- 이 부근에 나이트클럽이 있습니까?

- 와인은 어떤 것으로 하시겠습니까?

- 생각 좀 해 보죠.

- 포도주 한 잔 주십시오.

- 달콤한 것으로 주십시오.

- 위스키에 얼음을 넣어서 주세요.

- 맥주는 어떤 것이 있습니까?

- 버드와이저 주세요.

Je cherche un bar, s'il vous plaît.

쥬 셰흐슈 엉 바흐, 씰 부 쁠레.

Y a-t-il une boîte de nuit à côté d'ici ?

이아띨 윈 부앗뜨 드 뉘이 아 꼬떼 디씨 ?

Que voulez-vous comme vin ?

끄 불레 부 꼼 방 ?

Je vais réfléchir.

쥬 베 헤플레시흐.

Un verre de vin, s'il vous plaît.

엉 베흐 드 방, 씰 부 쁠레.

Je voudrais quelque chose de sucré.

쥬 부드헤 깰끄 쇼즈 드 쒸크헤.

Un verre de whisky avec des glaçons, s'il vous plaît.

엉 베흐 드 위스끼 아벡 데 글라쏭, 씰 부 쁠레.

Quelles sont les bières que vous avez ?

깰 쏭 레 비에흐 끄 부 자베 ?

Une Budweiser, s'il vous plaît.

윈 벋바이져흐, 씰 부 쁠레.

Une Heineken
윈 아인느껜
Une Corona
윈 꼬호나

문제 해결하기

- 커피가 아직 안 나왔어요.

- 주문한 음식이 아니에요.

- 스파게티를 주문했어요.

- 주문을 바꾸어도 될까요?

- 포크를 떨어뜨렸어요.

- 다른 포크를 갖다 주세요.

- 부탁 좀 들어 주시겠어요?

- 맛이 이상합니다.

- 이 음식은 어떻게 먹는 건가요?

Je n'ai pas encore eu mon café.

쥬 네 빠 엉꼬흐 위 몽 꺄페.

Ce n'est pas ce que j'ai commandé.

쓰 네 빠 쓰끄 제 꼬멍데.

J'ai commandé des spaghettis.

제 꼬멍데 뒤 스빠게띠.

Est-ce que c'est possible de changer ma commande ?

에스끄 쎄 뽀씨블르 드 성제 마 꼬멍드 ?

J'ai fait tomber ma fourchette.

제 페 똥베 마 푸흐셋뜨.

Puis-je avoir une autre fourchette ?

뾔이 쥬 아부아흐 윈 오트흐 푸흐셋뜨 ?

une serviette
윈 쎄흐비엣뜨
냅킨

un verre
엉 베흐
컵

Je peux vous demander quelque chose ?

쥬 쁘 부 드멍데 껠끄 쇼즈 ?

Le goût est bizarre.

르 구 에 비자흐.

Comment mange-t-on ce plat ?

꼬멍 멍쥬 똥 쓰 쁠라 ?

계산하기

- 계산해 주세요.

- 따로 계산하시겠습니까?

- 계산은 내가 하겠습니다.

- 얼마입니까?

- 제가 반을 낼게요.

- 팁이 포함된 가격입니까?

- 거스름 돈은 가지세요.

- 거스름 돈이 틀립니다.

- 잘 먹었습니다.

L'addition, s'il vous plaît.

라디씨옹, 씰 부 쁠레.

Voulez-vous payer séparément ?

불레 부 뻬이에 쎄빠헤멍 ?

Je vais régler l'addition.

쥬 베 헤글렐 라디씨옹.

Cela fait combien ?

쓸라 페 꽁비앙 ?

Je vais payer la moitié.

쥬 베 뻬이엘 라 모아치에.

Le pourboire est-il inclus ?

르 뿌흐부아흐 에 띨 앙끌뤼 ?

Vous pouvez garder la monnaie.

부 뿌베 걍흐데 라 모네.

Il y a une erreur.

일리아 윈 에뤄흐.

C'était très bon.

쎄떼 트헤 봉.

식당 이용하기

풀 코스(Full course) 정식을 주문하면 코스마다 주문할 필요가 없다. 먹고 싶은 것만 선택을 할 때 무엇을 주문해야 할지 모를 경우, 아무거나 시키면 맛이 없거나 취향이 아닌 요리가 나올 수 있으므로 그림이나 사진을 보고 주문하는 것이 좋다. 옆자리에서 주문한 음식이 맛있게 보이면 Puis-je avoir ceci ? (쀠이 쥬 아부아흐 쓰씨 ?) 라고 하면 된다.

식당 예절

식당 프런트(Front)에서 잠시 기다리면 웨이터나 웨이트리스가 와서 인사를 하고 흡연석을 원하는지 금연석을 원하는지를 물은 다음, 손님의 인원을 확인하고 자리를 안내해 준다.

식사를 하기 전 혹은 하면서 가볍게 와인(Vin) 한 잔 이나 맥주(Bière)를 하는 것도 좋다.

테이블 매너

포크는 왼손, 나이프는 오른손으로 잡는다. 포크, 나이프, 스푼은 바깥쪽에 있는 것부터 사용한다.

- 냅킨은 무릎 위에 놓고 식사가 끝나면 접시 옆에 놓는다.
- 뷔페는 찬 음식, 더운 음식, 후식 순으로 먹는다.
- 수프는 소리 내서 먹지 않으며, 스푼을 사용한다.
- 빵은 손으로 잘라 먹는다.
- 종업원을 부를 때는 손을 들거나 S'il vous plaît (씰 부 쁠레) 라고 한다.
- 옆 테이블에 양념이 있을 경우 손을 뻗어 잡으려 하지 말고 Pourriez-vous me passer ~ s'il vous plaît. (뿌헤에 부 므 빠쎄 ~ 씰 부 쁠레.) 라고 한다.
- 포크나 스푼을 떨어뜨렸을 경우, 새 것을 웨이터에게 부탁한다.
- 뜨거운 것은 후 불거나 하지 않는다.
- 식사 중에는 흡연석에서도 절대 금연!
- 식사 중 잠시 자리를 뜰 때는 나이프와 포크를 팔(八)자가 되도록 놓는다.
- 식사가 끝나면 포크와 나이프는 가지런히 접시 위에 놓는다.

버스 이용하기

- 버스 정류장이 어디입니까?

- 어느 버스가 센트럴 역에 갑니까?

- 그 버스를 어디에서 탈 수 있습니까?

- 이 버스가 동물원에 정차합니까?

- 그 버스는 몇 시에 출발합니까?

- 다음 버스는 몇 시에 옵니까?

- 매 30분마다 있습니다.

- 어디에서 내려야 하나요?

- 버스를 잘못 탔어요.

Où se trouve l'arrêt de bus ?

우 쓰 트후브 라헤 드 뷔쓰 ?

Est-ce que ce bus va à la gare centrale ?

에쓰끄 쓰 뷔쓰 바 알 라 갸흐 썽트할 ?

Où est-ce que je peux prendre le bus ?

우 에쓰끄 쥬 쁘 프헝드흐 르 뷔쓰 ?

Est-ce que ce bus s'arrête au zoo ?

에스끄 쓰 뷔쓰 싸헷뜨 오 조오 ?

A quelle heure part le bus ?

아 깰 뤄흐 빠흘 르 뷔쓰 ?

A quelle heure arrive le prochain bus ?

아 깰 뤄흐 아히브 르 프호샹 뷔쓰 ?

Le car
르 꺄흐
액스프래스 버스

Toutes les 30 minutes.

뚜뜰 레 트헝뜨 미뉘뜨.

Où est-ce que je dois descendre ?

우 에쓰끄 쥬 도아 데썽드흐 ?

J'ai pris un mauvais bus.

제 프히 엉 모베 뷔쓰.

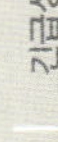

택시 이용하기

- 택시 정류장이 어디입니까?

- 이곳으로 가 주세요.

- 공항으로 가 주세요.

- 빨리 갑시다.

- 똑바로 가 주세요.

- 다음 모퉁이에서 돌아 주세요.

- 여기에서 기다려 주세요.

- 요금이 많이 나오지 않았나요?

- 거스름돈이 모자라는군요.

Où se trouve la station de taxi ?

우 쓰 트후블 라 스따씨옹 드 딱씨 ?

Je voudrais aller là.

쥬 부드헤 알렐 라.

Je voudrais aller à l'aéroport.

쥬 부드헤 알레 알 라에호뽀흐.

Rapidement, s'il vous plaît.

하삐드멍 씰 부 쁠레.

Tout droit, s'il vous plaît.

뚜 도호아, 씰 부 쁠레.

Tournez à la première rue, s'il vous plaît.

뚜흐네 알 아 프흐미에흐 휘, 씰 부 쁠레.

Pouvez-vous m'attendre ici ?

뿌베 부 마떵드흐 이씨 ?

Le tarif n'est pas élevé ?

르 따히프 네 빠 젤르베 ?

Vous avez fait une erreur.

부 자베 페 윈 에뤄흐.

지하철 이용하기

- 지하철역이 어디입니까?

- 지하철 노선도를 얻을 수 있습니까?

- 구 항구로 가려면 몇 호선을 타야 합니까?

- 2호선을 타세요.

- 센트럴역은 몇 번째 정거장입니까?

- 여섯 정거장 더 가십시오.

- 어디서 갈아탑니까?

- '마르셀'가쪽 출구가 어디입니까?

- 시청으로 가는 지하철이 맞습니까?

Où se trouve la station de metro ?

우 쓰 트후블 라 스따씨옹 드 메트호 ?

Puis-je avoir un plan de métro ?

뿨이 쥬 아부아흐 엉 쁠렁 드 메트호 ?

Que dois-je prendre pour aller au vieux port ?

끄 도아 쥬 프헝드흐 뿌흐 알레 오 비유 뽀흐 ?

Prenez la ligne 2.

프흐넬 랄 리뉴 두.

Combien d'arrêts y a-t-il jusqu'à la station de la gare centrale ?

꽁비앙 다헤 이아띨 쥐스꺌 라 스따씨옹 들 라 갸흐 썽트할 ?

Il reste encore 6 arrêts.

일 헤스뜨 엉꼬흐 씨 자헤.

Où dois-je faire le changement ?

우 도아 쥬 페홀 르 성쥬멍 ?

Où se trouve la sortie de la rue de Marcel ?

우 쓰 트후블 라 쏘흐띠 들 라 휘 드 마흐쎌 ?

Est-ce que ce métro va à l'Hôtel de Ville ?

에스끄 쓰 메트호 바 알 로뗄 드 빌 ?

열차 이용하기

- 편도표 한 장 주세요.

- 몇 등석으로 드릴까요?

- 일등석으로 주세요.

- 리옹행 열차가 있습니까?

- 좀 더 이른 차는 없습니까?

- 이 열차가 리옹행 열차입니까?

- 식당칸이 딸려 있습니까?

- 자리 있습니까?

- 기차에 가방을 놓고 내렸습니다.

Je voudrais un billet aller simple, s'il vous plaît.

쥬 부드헤 엉 비에 알레 쌍쁠르, 씰 부 쁠레

Quelle classe voulez-vous ?

깰 끌라쓰 불레 부 ?

En première classe, s'il vous plaît.

엉 프흐미에흐 끌라쓰, 씰 부 쁠레.

> tarif étudiant
> 따히프 에뛰디엉
> **학생할인요금**
>
> tarif senior
> 따히프 쎄니오흐
> **경노우대권**

Y a-t-il un train pour Lyon ?

이야띨 엉 트항 뿌흐 리용 ?

Y a-t-il un train plus tôt ?

이아띨 엉 트항 쁠뤼 또 ?

Est-ce le train pour Lyon ?

에 쓸 르 트항 뿌흐 리용 ?

Y a-t-il un wagon restaurant ?

이야띨 엉 바공 헤스또헝 ?

Est-ce que ce siège est pris ?

에스끄 쓰 씨에쥬 에 프히 ?

J'ai laissé mon sac dans le train.

젤 레쎄 몽 싹 덩 르 트항.

렌터카 이용하기

- 차를 빌리려고 하는데요.

- 어떤 종류의 차를 원하십니까?

- 소형차가 좋겠어요.

- 하루에 얼마입니까?

- 보험이 포함되어 있습니까?

- 종합보험으로 해 주십시오.

- 보증금을 걸어야 하나요?

- 운전면허증을 보여 주세요.

- 차를 점검해 주시겠어요?

Je voudrais louer une voiture.

쥬 부드헬 루에 윈 부아뛰흐.

Quel type de voiture voulez-vous ?

깰 팁쁘 드 부아뛰흐 불레 부 ?

Je voudrais une voiture compacte.

쥬 부드헤 윈 부아뛰흐 꼼빡뜨.

Combien coûte la location par jour ?

꽁비앙 꿋뜨 랄 로까씨옹 빠흐 주흐 ?

L'assurance est-elle comprise ?

라쒸헝쓰 에뗄 꽁프히즈 ?

Je voudrais une assurance complète.

쥬 부드헤 윈 아쒸헝쓰 꽁쁠렛뜨.

Faut-il une caution ?

포띨 윈 꼬씨옹 ?

Pouvez-vous me donner votre permis de conduire ?

뿌베 부 므 도네 보트흐 뻬흐미 드 꽁뒤이흐 ?

Pouvez-vous réviser la voiture ?

뿌베 부 헤비제 라 부아뛰흐 ?

자동차 정비하기

- 제 차 좀 봐 주시겠습니까?

- 무슨 일입니까?

- 차가 고장이 났어요.

- 배터리가 나간 것 같아요.

- 타이어가 펑크 났어요.

- 배터리를 충전해 주세요.

- 기름을 가득 채워 주세요.

- 오일을 점검해 주세요.

- 수리하는 데 얼마나 걸립니까?

Pouvez-vous faire une révision de la voiture ?

뿌베 부 페흐 윈 헤비지옹 들 라 부아뛰흐 ?

Qu'est-ce qui se passe ?

께쓰 끼 쓰 빠쓰 ?

La voiture est en panne.

라 부아뛰흐 에 떵 빤.

Il n'y a plus de batterie.

일니아 쁠뤼 드 바트히.

Le pneu est crevé.

르 프느 에 크흐베.

Pouvez-vous recharger la batterie ?

뿌베 부 흐샤흐제 라 바트히 ?

Pouvez-vous faire le plein d'essence ?

뿌베 부 페흐 르 쁠랑 데썽쓰 ?

Pouvez-vous vérifier l'huile ?

뿌베 부 베히피에 뤼일르 ?

Combien de temps prendra la réparation ?

꽁비앙 드 떵 프헝드할 라 헤빠하씨옹 ?

교통수단 이용하기

항공

제한된 시간에 여러 곳을 여행할 경우에는 경로와 항공사를 정해 놓고, 항공권을 구입할 때는 출발일자와 항공편을 비워두는 '오픈 티켓'을 구입하면 좋다.

기차

유럽은 미국, 호주와 달리 철도 연결이 잘 되어 있어 여행하기에 편리하다. 유레일패스를 준비하면 유럽18개국의 구간을 일정기간 동안 승차 횟수에 관계없이 마음대로 이용할 수 있다.

관광버스

유럽에서는 고속도로가 잘 되어 있지만 장거리 교통수단으로 관광버스보다 기차를 이용하는 편이다.

렌트카

렌트카로 여행하려면 국제운전면허증과 신용카드를 준비해야 한다. 신용카드가 없으면 따로 보증금을 내야 하는 번거로움이 있다. 여러 명이 함께 움직이는 경우 렌트카를 이용하면 비용도 싸고, 보험 처리도 잘 되어 있다.

지하철

지하철은 어느 나라에서든 가장 대중적인 교통수단으로 이용된다. 미국은 Subway, 영국은 Underground, tube, 독일은 U-ban, 프랑스는 Métro(메트호), 호주는 Rail way라고 부른다.

택시

요금의 부담은 있지만, 길을 잘 모르거나 밤늦게 숙소로 돌아올 때 이용하기에 안전하다. 프랑스에서는 Taxi(딱씨) 라고 하는데 보통 택시 정류장이나 콜택시로 이용한다.

Chapter 07 관광

관광 · 안내소에 문의하기

- 안내서를 얻을 수 있습니까?

- 관광지도 한 장 주세요.

- 구경하기에 제일 좋은 곳이 어디입니까?

- 성이 좋습니다.

- 볼만한 곳을 알려주시겠어요?

- 에펠탑을 권해 드리고 싶습니다.

- 그곳에는 어떻게 가지요?

- 걸어서 갈 수 있습니까?

- 택시를 타는 것이 좋을 겁니다.

Puis-je avoir une brochure d'information ?

쀠이 쥬 아부아흐 윈 브호쉬흐 당포흐마씨옹 ?

Puis-je avoir une carte touristique ?

쀠이 쥬 아부아흐 윈 꺄흐뜨 뚜히스띠끄 ?

Quel est le site qu'il faut visiter ?

깰 렐 르 씨뜨 낄 포 비지떼 ?

Je vous conseille de visiter le château.

쥬 부 꽁쎄이으 드 비지뗄 르 샤또.

Quels sont les sites touristiques les plus intéressants ?

깰 쏭 레 씨뜨 뚜히스띠끄 레 쁠뤼 장떼헤썽 ?

Je vous conseille d'aller à la Tour Eiffel.

쥬 부 꽁쎄이으 달레 알 라 뚜흐 에펠.

Comment puis-je y aller ?

꼬멍 쀠이 쥬 이 알레 ?

Est-ce que je peux y aller à pied ?

에스끄 쥬 쁘 이 알레 아 삐에 ?

en train
엉 트항
기차 로

en bateau
엉 바또
페리 보트

Vous devriez prendre le taxi.

부 드브히에 프헝드흐 르 딱씨.

버스 투어하기

- 시내 관광버스가 있습니까?

- 오늘 관광이 있습니까?

- 시내관광에 참여하고 싶습니다.

- 관광코스를 추천해 주시겠습니까?

- 어디서 출발합니까?

- 몇 시에 돌아옵니까?

- 그 관광은 시간이 얼마나 걸립니까?

- 가이드가 있습니까?

- 식사가 포함되어 있습니까?

Y a-t-il une visite en bus ?

이야띨 윈 비짓뜨 엉 뷔쓰

Y a-t-il une visite aujourd'hui ?

이야띨 윈 비짓뜨 오주흐뒤이 ?

Je voudrais faire la visite.

쥬 부드헤 페흐 라 비지뜨.

Pouvez-vous me conseiller un circuit ?

뿌베 부 므 꽁쎄이에 엉 씨흐뀌이 ?

D'où commence la visite ?

두 꼬멍쓰 라 비짓뜨 ?

A quelle heure termine la visite ?

아 깰 뤄흐 떼흐민느 라 비짓뜨 ?

Combien de temps dure la visite ?

꽁비앙 드 떵 뒤흐 라 비짓뜨 ?

Y a-t-il un guide ?

이야띨 엉 기드 ?

Le repas est-il compris ?

르 흐빠 에 띨 꽁프히 ?

관람 및 관전하기

- 여기서 열리는 경기가 있습니까?

- 오늘 밤에 상영하는 것이 뭐죠?

- 게임은 몇 시에 시작됩니까?

- 공연은 몇 시에 끝납니까?

- 휴식 시간이 얼마나 됩니까?

- 좌석요금을 내야 합니까?

- 안에서 사진을 찍어도 됩니까?

- 엽서 있습니까?

- 보트를 빌리고 싶습니다.

Y a-t-il un match ici ?

이야띨 엉 맛츠 이씨 ?

Quel est le film de ce soir ?

깰 렐 르 필므 드 쓰 쑤아흐 ?

A quelle heure commence le match ?

아 깰 뤄흐 꼬멍쓰 르 맛츠 ?

A quelle heure termine le spectacle ?

아 깰 뤄흐 떼흐민늘 르 스벡따끌르 ?

Combien de temps dure la pause ?

꽁비앙 드 떵 뒤흐 라 뽀즈 ?

Faut-il payer la place ?

포띨 뻬이엘 라 쁠라쓰 ?

Est-ce que je peux prendre des photos à l'intérieur ?

에스끄 쥬 쁘 프헝드흐 데 포또 알 랑떼히여흐.

Est-ce que les cartes postales sont en vente ?

에스끌 레 꺄흐뜨 뽀스딸 쏭 떵 벙뜨 ?

Je voudrais louer un bateau.

쥬 부드헬 루에 엉 바또.

les souvenirs
레 쑤브니흐
기념품

les cartes téléphoniques
레 꺄흐뜨 뗄레포니끄
전화카드

les journaux
레 주흐노
일기

티켓 구입하기

- 표 있습니까?

- 남은 자리가 있습니까?

- 입장료가 얼마입니까?

- 오늘밤 공연 표 두 장 주세요.

- 표가 매진되었습니다.

- 다음 주 월요일은 어떻습니까?

- 다음 주 월요일 표는 있습니다.

- 어떤 좌석으로 드릴까요?

- 가운데 자리로 주세요.

Y a-t-il des billets pour ce spectacle ?

이야띨 데 비에 뿌흐 쓰 스벡따끌르 ?

Y a-t-il des places libres ?

이야띨 데 쁠라쓰 리브흐 ?

Combien coûte le billet ?

꽁비앙 꿋뜨 르 비에 ?

Je voudrais 2 billets pour le spectacle de ce soir.

쥬 부드헤 두 비에 뿌훌 르 스벡따끌르 드 쓰 쑤아흐.

Il n'y a plus de billets disponibles.

일 니 아 쁠뤼 드 비에 디스뽀니블르.

Y a-t-il des places pour lundi prochain ?

이야띨 데 쁠라쓰 뿌훌 랑디 프호샹 ?

Il y a des places pour lundi prochain.

일리라 데 쁠라쓰 뿌훌 랑디 프호샹.

Quels sièges voulez-vous ?

깰 씨에쥬 불레 부 ?

Je voudrais des sièges au milieu, s'il vous plaît.

쥬 부드헤 데 씨에쥬 오 밀리으, 씰 부 쁠레.

카지노 이용하기

- 이 호텔에 카지노가 있습니까?

- 아래층에 있습니다.

- 카지노 경험이 없는데요.

- 어느 것이 초보자에게 쉬운가요?

- 룰렛이 좋습니다.

- 어디서 룰렛을 할 수 있습니까?

- 룰렛은 어떻게 하는 건가요?

- 칩은 어디서 삽니까?

- 100유로를 칩으로 주실래요?

Y a-t-il un casino dans cet hôtel ?

이야띨 엉 꺄지노 덩 셋 또뗄 ?

Le casino est en bas de l'immeuble.

르 꺄지노 에 떵 바 들 리뭐블르.

Je n'ai jamais joué au casino.

쥬 네 자메 주에 오 꺄지노.

Quels jeux sont pour les débutants ?

깰 쥬 쏭 뿌홀 레 데뷔떵 ?

La roulette est sympa.

라 훌렛뜨 에 쌍빠.

Où peut-on jouer à la roulette ?

우 뿌 똥 주에 알 라 훌렛뜨 ?

Comment joue-t-on à la roulette ?

꼬멍 주 똥 알 라 훌렛뜨 ?

Où achète-t-on les jetons ?

우 아셋뜨 똥 레 쥬똥 ?

Je voudrais des jetons pour 100 euros.

쥬 부드헬 데 쥬똥 뿌흐 썽 유로.

사진 촬영 및 현상하기

- 여기서 사진을 찍어도 됩니까?

- 사진 찍읍시다.

- 사진을 찍어 주시겠습니까?

- 이 셔터만 누르면 됩니다.

- 이 근처에 사진관이 있습니까?

- 이 카메라에 필름 한 통 넣어 주세요.

- 이 필름을 현상하고 싶은데요.

- 카메라가 고장이 났습니다.

- 고쳐 주시겠습니까?

Est-ce que je peux prendre des photos ici ?

에쓰끄 쥬 쁘 프헝드흐 데 포또 이씨 ?

Prenons des photos.

프흐농 데 포또.

Pouvez-vous me prendre en photo ?

뿌베 부 므 프헝드흐 엉 포또 ?

Il suffit d'appuyer sur ce bouton.

일 쒸피 다쀠이에 쒸흐 쓰 부똥.

Y a-t-il un magasin de photo ?

이아띨 엉 마갸장 드 포또 ?

Pouvez-vous mettre une péllicule dans l'appareil, s'il vous plaît.

뿌베 부 메트흐 윈 뺄리뀔 덩 라빠헤이, 씰 부 쁠레 ?

Je voudrais développer cette péllicule.

쥬 부드헤 데블로뻬 셋뜨 뺄리뀔.

Cet appareil photo ne marche pas.

셋뜨 아빠헤이 포또 느 마흐슈 빠.

Pouvez-vous le réparer ?

뿌베 불 르 헤빠헤 ?

길·안내 받기(1)

- 여기가 어딘가요?

- 이것은 어디에 있습니까?

- 도와주세요.

- 길을 잃은 것 같습니다.

- 여기서 먼가요?

- 약도를 좀 그려주시겠습니까?

- 정말 혼동되는군요.

- 제가 있는 거리가 어디죠?

- 힐튼 호텔에 가는 길을 알려 주시겠습니까?

Où est-ce que je suis ?

우 에스끄 쥬 쒸이 ?

Où est-il ?

우 에 띨 ?

Aidez-moi, s'il vous plaît.

에데 모아 씰 부 쁠레.

Je pense que je me suis perdu.

쥬 뻥쓰 끄 쥬 쒸이 뻬흐뒤.

Est-ce loin d'ici ?

에쓸 루앙 디씨 ?

Pourriez-vous me dessiner un plan ?

뿌히에 부 므 데씨네 엉 쁠렁 ?

C'est très compliqué.

쎄 트헤 꽁쁠레께.

Quel est le nom de la rue où nous sommes ?

깰 렐 르 농 들 라 휘 우 누 쏨 ?

Pourriez-vous m'indiquer le chemin pour aller à l'hôtel Hilton ?

뿌히에 부 망디깰 르 슈망 뿌흐 알레 알 로뗄 일똔?

길·안내 받기 (2)

- 이곳이 처음입니다.

- 이 길입니까?

- 지나쳐왔군요.

- 여기에서 가깝습니까?

- 택시를 타야 합니까?

- 이 길의 이쪽 편입니까?

- 오른쪽인가요?

- 다음 모퉁이에서 오른쪽으로 돌아가세요.

- 왼쪽에 그 건물이 있습니다.

C'est ma première visite ici.

쎄 마 프흐미에흐 비짓뜨 이씨.

Est-ce que c'est cette rue ?

에스끄 쎄 셋 휘 ?

Vous êtes venu trop loin.

부 젯 브뉘 트홀 루앙.

Est-ce que c'est près d'ici ?

에스끄 쎄 프헤 디씨 ?

Est-ce que je dois prendre le taxi ?

에스끄 쥬 도아 프헝드흘 르 딱씨 ?

Est-ce que la rue est par là ?

에스끌 라 휘 에 빠흘 라 ?

Est-ce que c'est à droite ?

에스끄 쎄 따 도호아뜨 ?

Tournez à la première rue à droite.

뚜흐네 알라 프흐미에흐 휘 아 도호앗뜨.

Le bâtiment est à votre gauche.

르 바띠멍 에 따 보트흐 고슈.

해외여행에서 중요한 목적 중 하나가 관광이므로 낯선 곳이라고 두려워 말고 과감하게 행동하고 볼 일이다.

프랑스의 모든 거리(Rue)들은 이름이 있고 번호가 있어서 길 찾기는 어렵지 않다. 혼자 여행을 하더라도 지도 하나만 있으면 어디든지 물어서 다닐 수가 있다. 여행 자료는 호텔의 로비나 안내소, 관광 안내소 등에서 구할 수 있다. 극장, 박물관, 경기장 등을 방문할 때는 쉬는 날, 개관, 폐관 시간을 미리 알아 두어야 낭패가 없다.

여행을 하다 보면 그 나라 사람들과 문화나 생활 습관 등에서 차이를 느낄 수 있으므로 신경 써서 행동해야 한다. 우리는 아무렇지도 않은데 그 나라 사람들에게는 이상하게 보일 수도 있다. 여행 중 길을 잃으면 당황하지 말고 근처 경찰관이나 지나가는 사람에게 물어보도록 한다.

〈국가별 유의사항〉

프랑스

고가의 물건을 구입할 때에는 détaxe(데딱쓰) 면세를 요청한다.

공중화장실이 많지 않기 때문에 카페, 레스토랑 등의 화장실을 이용하는 것이 좋다. 위험한 지역을 미리 파악하여 되도록 가지 않도록 하며 필요한 금액만 소지한다.

스위스

등산전차나 케이블카를 타고 높은 곳으로 올라갈 때는 기압차에 조심해야 한다. 유로를 스위스 프랑으로 환전해야 한다.

벨기에

지하철과 전차 노선 이해가 잘 안될 수 있기 때문에 탈 때에 꼭 물어보고 탄다. 브뤼셀의 역 주변과 어두운 거리를 다닐 때에 소매치기의 위험이 있으니 주의해야 한다.

모나코

산으로 된 지역이기 때문에 편한 신발을 준비한다. 카지노에서 많은 돈을 잃지 않도록 주의한다.

쇼핑

쇼핑 관련 질문하기

- 시내에 상가 지역이 있습니까?

- 백화점이 어디입니까?

- 여성복 매장은 몇 층입니까?

- 면도기는 어디에서 살 수 있죠?

- 콘프레이크는 어디에 있어요?

- 몇 시에 문을 엽니까?

- 몇 시에 문을 닫습니까?

- 언제까지 영업합니까?

- 이곳은 24시간 영업합니다.

Est-ce qu'il y a une zone commerciale dans cette région ?

에스낄리아 윈 존 꼬메흐씨알 덩 셋 헤지옹 ?

Où se trouve le grand magasin ?

우 쓰 트후블 르 그헝 마갸장 ?

A quelle étage se trouvent les magasins de vêtements pour les femmes ?

아 깰 레따쥬 쓰 트후브 레 마갸장 드 베뜨멍 뿌흐 레 팜 ?

Où se trouvent les rasoirs ?

우 쓰 트후부 레 하조아흐 ?

Où se trouvent les céréales ?

우 쓰 트후브 레 쎄헤알 ?

A quelle heure ouvre le magasin ?

아 깰 뤄흐 우브흐 르 마갸장 ?

A quelle heure ferme le magasin ?

아 깰 뤄흐 페흠므 르 마갸장 ?

Jusqu'à quelle heure ouvre le magasin ?

쥐스꺄 깰 뤄흐 우브흐 르 마갸장 ?

Le magasin est ouvert 24 heures sur 24.

르 마갸장 에 뚜베흐 방꺄트흐 워흐 쒸흐 방꺄트흐.

물건 고르기 (1)

- 내 치수를 재 주세요.

- 탈의실이 어디입니까?

- 이런 것 있습니까?

- 이걸로 다른 색이 좋을 것 같아요.

- 이 제품은 어디에서 만들어진 것이죠?

- 어떤 것이 더 좋은가요?

- 너무 수수해요.

- 내게 딱 맞는군요.

- 이건 최신 상품인가요?

Pourriez-vous mesurer ma taille ?

뿌히에 부 므줘헤 마 따이으 ?

Où se trouve la cabine d'essayage ?

우 쓰 트후브 라 꺄빈 데쎄이야쥬 ?

Auriez-vous quelque chose comme ça ?

오히에 부 깰끄 쇼즈 꼼 싸 ?

Je voudrais une autre couleur.

쥬 부드헤 윈 오트흐 꿀뤄흐.

Où est-ce que cela a été fabriqué ?

우 에스끄 쓸라 아 에떼 파브히께 ?

Lequel préférez-vous ?

르깰 프헤페헤 부 ?

C'est trop sombre.

쎄 트호 쏭브흐.

Cela me va parfaitement.

쓸라 므 바 빠흐페뜨멍.

C'est nouveau ?

쎄 누보 ?

vif
비프
밝은

léger
레제
가벼운

sophistiqué
쏘피스띠께
화려한

물건 고르기 (2)

- 가방 좀 보여 주세요.

- 이것 좀 보여 주세요.

- 이것을 입어 봐도 될까요?

- 이것은 원단이 무엇입니까?

- 이걸로 주세요.

- 다른 것으로 보여 주세요.

- 싼 것으로 보여 주세요.

- 내가 원하는 것이 아닙니다.

- 잠시 생각해 볼게요.

Pouvez-vous me montrer des sacs ?

뿌베 부 므 몽트헤 데 싹 ?

Pouvez-vous me montrer ceci ?

뿌베 부 므 몽트헤 쓰씨 ?

Est-ce que je peux essayer ?

에스끄 쥬 쁘 에쎄이에 ?

Avec quoi cela a été fabriqué ?

아벡 꾸아 쓸라 아 에떼 파브히께 ?

Je vais prendre ceci.

쥬 베 프헝드흐 쓰씨.

Pouvez-vous me montrer d'autres choses ?

뿌베 부 므 몽트헤 도트흐 쇼즈 ?

Pouvez-vous me montrer quelque chose de moins cher ?

뿌베 부 므 몽트헤 깰끄 쇼즈 드 모앙 셰흐 ?

quleque chose de plus grand
깰끄 쇼즈 드 쁠뤼 그헝
더 큰거

quelque chose de plus simple
깰끄 쇼즈 드 쁠뤼 쌍쁠르
더 심플한거

Ce n'est pas ce que je veux.

쓰 네 빠 쓰 끄 쥬 브.

Je vais réfléchir un peu.

쥬 베 헤플레시흐 엉 쁘.

포장 요청하기

- 선물용으로 포장해 주세요.

- 따로따로 포장해 주세요.

- 같이 포장해 주세요.

- 포장지는 어떤 것으로 해 드릴까요?

- 종이 백에 넣어 주세요.

- 선물용 박스에 넣어 주시겠어요?

- 가격표를 떼 주시겠어요?

- 배달해 주나요?

- 여기로 보내 주세요.

Pouvez-vous faire un paquet cadeau ?

뿌베 부 페흐 엉 빠께 꺄도 ?

Pouvez-vous faire des paquets séparément ?

뿌베 부 페흐 데 빠께 쎄빠헤멍 ?

Pouvez-vous mettre tout ensemble ?

뿌베 부 메트흐 뚜 엉썽블르 ?

Quel papier cadeau désirez-vous ?

깰 빠삐에 꺄도 데지헤 부 ?

Pouvez-vous le mettre dans un sac de shopping ?

뿌베 불 르 메트흐 덩 정 싹 드 쇼삥 ?

Pouvez-vous le mettre dans une boîte ?

뿌베 불 르 메트흐 덩 쥔 부앗뜨 ?

Pouvez-vous enlever l'étiquette, s'il vous plaît ?

뿌베 부 엉르베 레띠껫뜨, 씰 부 쁠레 ?

Pouvez-vous me le livrer ?

뿌베 부 믈 르 리브헤 ?

Pouvez-vous me l'envoyer à cette adresse ?

뿌베 부 믈 렁부아이에 아 셋 따드헤쓰 ?

면세점 이용하기

- 향수를 사고 싶습니다.

- 어떤 상표를 원하십니까?

- 이것과 저것으로 하나씩 주세요.

- 그걸로 하겠습니다.

- 그걸로 갖다드리겠습니다.

- 이것은 면세입니까?

- 세금은 얼마입니까?

- 구경만 하겠습니다.

- 이 가방은 진짜 가죽입니까?

Je cherche les parfums, s'il vous plaît.
쥬 셰흐슈 레 빠흐팡, 씰 부 쁠레.

les bouteilles d'alcool
레 부떼이으 달꼬올
술

les cigarettes
레 씨갸헷뜨
담배

Quelle marque cherchez-vous ?
깰 마흐끄 셰흐셰 부 ?

Je vais prendre ceci et cela.
쥬 베 프헝드흐 쓰씨 에 쓸라.

Je vais le prendre.
쥬 벨 르 프헝드흐.

Je vous l'apporte.
쥬 불 라뽀흐뜨.

C'est un produit hors-taxe ?
쎄 떵 프호뒤이 오흐 딱쓰 ?

A combien s'élève la taxe ?
아 꽁비앙 쎌레브 라 딱쓰 ?

Je regarde seulement.
쥬 흐갸흐드 썰르멍.

Est-ce que c'est vraiment en cuir ?
에스끄 쎄 브헤멍 엉 뀌이흐 ?

교환 및 환불하기

- 교환할 수 있습니까?

- 치수 좀 바꿔 주세요.

- 이것을 반품하고 싶습니다.

- 전혀 작동하지를 않아요.

- 이것을 고쳐주세요.

- 환불이 가능한가요?

- 영수증 여기 있습니다.

- 환불은 안 되는데요.

- 책임자를 좀 만날 수 있습니까?

Est-ce que je peux échanger ceci ?

에스끄 쥬 쁘 에셩제 쓰씨 ?

Est-ce que je peux changer la taille ?

에스끄 쥬 쁘 셩젤 라 따이으 ?

Je voudrais être remboursé.

쥬 부드헤 에트흐 헝부흐쎄.

Cela ne marche pas du tout.

쓸라 느 마흐슈 빠 뒤 뚜.

Pouvez-vous le réparer ?

뿌베 불 르 헤빠헤 ?

Pouvez-vous me le rembourser ?

뿌베 부 믈 르 헝부흐쎄 ?

Voici le ticket.

부아씰 르 띠께.

On ne peut pas vous rembouser.

옹 느 쁘 빠 부 헝부흐쎄.

Est-ce que je peux voir le responsable ?

에스끄 쥬 쁘 부아흘 르 헤스뽕싸블르 ?

계산하기

- 얼마입니까?

- 계산해 주세요.

- 너무 비싸요.

- 깎아주세요.

- 예상했던 것보다 비싸군요.

- 싼 것은 없습니까?

- 세일품입니까?

- 세금이 포함된 건가요?

- 여행자수표를 받습니까?

Combien ça coûte ?

꽁비앙 싸 꿋 ?

Pouvez-vous enregistrer mon achat ?

뿌베 부 엉흐지스트헤 모 나샤 ?

C'est trop cher.

쎄 트호 셰흐.

Pouvez-vous me faire un prix ?

뿌베 부 므 페흐 엉 프히 ?

C'est plus cher que je pensais.

쎄 쁠뤼 셰흐 끄 쥬 뻥쎄.

Avez-vous quelque chose de moins cher ?

아베 부 깰끄 쇼즈 드 모앙 셰흐 ?

Est-ce que c'est en solde ?

에스끄 쎄 떵 쏠드 ?

Les taxes sont-elles comprises ?

레 딱쓰 쏭 뗄 꽁프히즈 ?

Acceptez-vous les chèques de voyage ?

악셉떼 불 레 셱끄 드 부아이야쥬 ?

 # 쇼핑하기

여행을 하면서 진귀한 것 혹은 갖고 싶은 것을 보았을 때 사고 싶은 것은 당연하다. 예산에 맞게 토산품이나 그 지역에서 생산되는 것을 사면 좋다. 쇼핑할 수 있는 곳은 우선 면세점을 들 수가 있다. 공항, 기내, 그리고 시내 중심가에 면세점이 있는데 주로 향수, 담배, 술 등을 싸게 살 수 있다. 이런 물건들은 귀국할 때 사는 것이 좋다.

관광객들을 상대로 하는 가게에서 마음에 들면 그대로 값을 지불하기 보다는 다른 상점들과 비교해 보고 "Pouvez-vous me faire un prix ? (뿌베 부 므 페흐 엉 프히 ?)" 라고 값을 깎을 수도 있으니까 시도해 보기로 하자. 그러나 백화점은 정찰제이기 때문에 가격을 깎는 일은 무례한 일이 될 수 있으므로 유의한다.

상점 안에 들어서면 점원이 다가와서 "Je peux vous renseigner ? (쥬 쁘 부 헝쎄녜 ?)" 라고 물을 것이다. 귀찮게 느껴질 때는 웃으면서 "Non, merci. Je regarde. (농 메흐씨 쥬 흐갸흐드.)" 라고 말하면 점원은 다른 일을 보게 되어 편안히 구경할 수 있다.

쇼핑할 때 주의할 점은 생산지가 제3국인 경우가 많다는 것이다. 이것을 모르고 샀다가 나중에 알게 되어 후회하는 경우가 있으므로 현지에서 만든 것인지 여부 등 잘 알아보도록 한다.

약국 (Pharmacie)

프랑스의 약국은 우리나라 약국과는 좀 다르다. 약만 파는 것이 아니라 샴푸, 치약, 화장품에서부터 건강식품에 이르기까지 다양한 것을 판매한다.

벼룩시장 (Marché aux puces)

물물교환을 해 주는 곳도 있고, 입던 청바지를 파는 곳 등 싼 가격에 다양한 물건을 살 수 있는 곳이다.

가두판매점 (Kiosque)

신문, 잡지, 복권에서부터 문구류까지 다양한 물건을 판매한다.

공공시설

시내 전화하기

- 뒤퐁씨와 통화할 수 있습니까?

- 뒤퐁씨 계십니까?

- 뒤퐁씨는 통화중입니다.

- 그는 지금 부재중인데요.

- 전하실 말씀이 있습니까?

- 그가 언제 오는지 아세요?

- 4시경에 다시 걸겠습니다.

- 제게 전화 부탁한다고 전해 주세요.

- 전화번호를 말씀하세요.

Je voudrais parler avec monsieur Dupont.

쥬 부드헤 빠흘레 아벡 무씨유 뒤뽕.

Est-ce que monsieur Dupont est là ?

에스끄 무씨유 뒤뽕 엘 라 ?

Monsieur Dupont est au téléphone.

무씨유 뒤뽕 에 또 뗄레폰.

Son poste est occupé actuellement

쏭 뽀스뜨 에 또뀌뻬 악뛰엘르멍.

Vous souhaitez laisser un message ?

부 쑤에떼 레쎄 엉 메싸쥬 ?

Quand est-ce qu'il sera de retour ?

껑 떼스낄 쓰하 드 흐뚜흐 ?

Je rappellerai vers 4 heures.

쥬 하뺄르헤 베흐 꺄트훠흐

Pouvez-vous lui dire que j'ai appelé.

뿌베 불 뤼이 디흐 끄 제 아쁠레.

Quel est votre numéro de téléphone ?

깰 레 보트흐 뉘메호 드 뗄레폰 ?

국제 전화하기

- 한국에 수신자 부담으로 전화하고 싶은데요.

- 장거리 전화를 하고 싶습니다.

- 어디로 거실 겁니까?

- 전화번호와 받는 분의 성함을 말씀해 주세요.

- 이름은 김대한이고, 번호는 2-235-7274입니다.

- 누구라도 괜찮습니다.

- 전화를 끊고 계십시오. 다시 걸겠습니다.

- 끊지 말고, 잠시 기다려 주세요.

- 말씀하세요. 상대방이 나왔습니다.

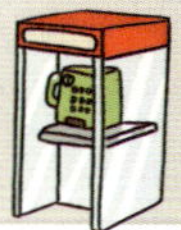

Je voudrais appeler en PCV.

쥬 부드헤 아쁠레 엉 뻬쎄베.

Je voudrais faire un appel longue distance.

쥬 부드헤 페흐 어 나뻴 롱그 디스떵쓰.

Où allez-vous appeler ?

우 알레 부 아쁠레 ?

Quel est le nom et le numéro de téléphone du destinataire ?

깰 렐 르 농 엘 르 뉘메호 드 뗄레폰 뒤 데스띠나떼흐 ?

Son nom est Dae-han Kim, et son numéro de téléphone est le 2-235-7274.

쏭 농 에 데한 킴 에 쏭 뉘메호 드 뗄레폰 엘 르 두 두썽트헝쌍끄 수아썽두즈 수아썽꺄토흐즈.

Quelqu'un qui puisse me répondre.

깰겅 끼 쀠이쓰 므 헤뽕드흐.

Vous pouvez raccrocher, on vous rappellera.

부 뿌베 하크호셰, 옹 부 하뻴르하.

Ne raccrochez pas, veuillez attendre quelques instants.

느 하크호셰 빠, 붜이에 아떵드흐 깰끄 쟝스떵.

Vous êtes en ligne, que puis-je faire pour vous ?

부 엣뜨 엉 리뉴, 끄 쀠이 쥬 페흐 뿌흐 부 ?

우체국 이용하기 (1)

- 가장 가까운 우체국이 어디에 있습니까?

- 우표는 어디에서 팝니까?

- 항공우편으로 보내고 싶습니다.

- 서울로 전보를 보내려고 합니다.

- 속달로 부치고 싶은데요.

- 이것을 보내는 데 요금은 얼마입니까?

- 한국까지 며칠 걸립니까?

- 이 편지의 무게를 좀 달아봐 주세요.

- 어디에 넣으면 되나요?

Où se trouve la Poste la plus proche ?

우 쓰 트후블 라 뽀스뜨 라 쁠뤼 프호슈 ?

Où peut-on acheter des timbres ?

우 뿌 똥 아슈떼 데 땅브흐 ?

Je voudrais envoyer une lettre par avion.

쥬 부드헤 엉부아이에 윈 레트흐 빠흐 아비옹.

Je voudrais envoyer un télégramme à Séoul.

쥬 부드헤 엉부아이에 엉 뗄레그함 아 쎄울.

Je voudrais l'envoyer en express.

쥬 부드헬 렁부아이에 어 넥쓰프헤쓰.

Combien ça coûte pour envoyer ceci ?

꽁비앙 싸 꿋뜨 뿌흐 엉부아이에 쓰씨 ?

Combien de jours met la lettre pour arriver jusqu'en Corée ?

꽁비앙 드 주흐 멜 랄 레트흐 뿌흐 아히베 쥐스껑 꼬헤 ?

Pouvez-vous peser le poids de cette lettre ?

뿌베 부 쁘젤 르 뿌아 드 셋 레트흐 ?

Où est-ce que je dois le mettre ?

우 에스끄 쥬 도알 르 메트흐 ?

우체국 이용하기 (2)

- 안에 무엇이 들어 있습니까?

- 이 안에는 책이 들어 있습니다.

- 소포를 보험에 들겠습니까?

- 1유로짜리 우표 한 장 주세요.

- 우표가 제대로 붙었나요?

- 긴급전보를 치려고 합니다.

- 한 단어에 얼마인가요?

- 팩스를 보내고 싶습니다.

- 우체통이 어디에 있습니까?

Qu'est-ce qu'il y a dedans ?

께스낄리아 드덩 ?

Il y a un livre.

일리아 엉 리브흐.

Voulez-vous prendre l'assurance pour le colis ?

불레 부 프헝드흐 라쒸헝쓰 뿌흘 르 꼴리 ?

Un timbre à 1 euro, s'il vous plaît.

엉 땅브흐 아 엉 유로, 씰 부 쁠레.

Est-ce que le timbre est bien collé ?

에스꼴 르 땅브흐 에 비앙 꼴레 ?

Je voudrais envoyer un télégramme urgent.

쥬 부드헤 엉부아이에 엉 뗄레그함 위흐정.

Combien ça coûte par mot ?

꽁비앙 싸 꿋뜨 빠흐 모 ?

Je voudrais envoyer un fax.

쥬 부드헤 엉부아이에 엉 팍쓰.

Où se trouve la boîte aux lettres ?

우 쓰 트후블 라 부앗뜨 올 레트흐 ?

은행 이용하기

- 어떻게 바꿔 드릴까요?

- 유로로 바꿔 주세요.

- 여행자수표를 현금으로 바꾸고 싶은데요.

- 현금으로 얼마나 바꿔 드릴까요?

- 200유로 바꿔 주세요.

- 신분증을 보여 주시겠습니까?

- 여기에 사인해 주세요.

- 잔돈으로 바꿔 주세요?

- 한화를 유로로 바꿀 수 있을까요?

Comment voulez-vous votre monnaie d'échange ?

꼬멍 불레 부 보트흐 모네 데셩쥬 ?

Je voudrais des euros, s'il vous plaît.

쥬 부드헤 데 유로, 씰 부 쁠레.

Je voudrais changer les chèques de voyage en espèce.

쥬 부드헤 셩젤 레 섹끄 드 부아이야쥬 어 네스뻬쓰.

Combien en espèce voulez-vous changer ?

꽁비앙 어 네스뻬쓰 불레 부 셩제 ?

Je voudrais changer 200 euros.

쥬 부드헤 셩제 두 썽 유로.

Votre carte d'identité, s'il vous plaît ?

보트흐 꺄흐뜨 디덩띠떼, 씰 부 쁠레 ?

Veuillez signer ici.

붜이예 씨녜 이씨.

Je voudrais avoir de la petite monnaie.

쥬 부드헤 아부아흐 들 라 쁘띳뜨 모네.

Est-ce que je peux changer le won coréen en euro ?

에스끄 쥬 쁘 셩젤 르 원 꼬헤양 엉 유로 ?

 공공시설 이용하기

전화

해외에서 가장 흔한 방법은 호텔전화 또는 공중전화를 이용하는 것이다. 파리에 있는 한국 슈퍼에서 인터넷전화카드를 구입하면 프랑스 어디서나 아주 저렴하게 한국으로 전화할 수 있다.

콜렉트콜

수신자가 요금을 지불하는 제도로 여행객으로서는 부담이 덜 가는 장점이 있다.

국제 다이얼 통화

직접 통화할 수 있어 번호만 알면 번거로움이 없다.

프랑스에서 한국 서울의 337-1737로 전화하는 경우			
00	82	2	337-1737
프랑스 식별번호	한국 국가번호	서울(지역번호)	수신자 번호

※ 서울 지역번호 02에서 '0'은 다이얼하지 않는다.

우체국

호텔 투숙 시에는 프런트에 가서 부쳐 달라고 부탁해도 되지만 보통은 우표를 사서 우체통에 넣는다.

은행에서

환전할 때는 여권(passport)이 필요하므로 잊지 않도록 하자. 환전은 은행뿐 아니라 환전소에서도 가능하다.

국제전화신용카드

현금 없이도 전화통화가 가능한 후불제 카드로 해외에서 이용하기에 좋다. 한국통신에 신청하여 KT카드를 발급받으면 각 개인에게 고유한 카드번호와 비밀번호가 부여된다. 호텔전화, 일반전화, 공중전화 등 모든 전화를 이용할 수 있다.

잠깐만!!

주화는 국내에서 교환이 가능하지 않다. 기념으로 남기는 것 외에는 다 쓰도록 한다.

Chapter 10

긴급상황

분실 및 도난 사고

- 여권을 잃어버렸습니다.

- 제 지갑을 도난당했습니다.

- 가방을 택시에 놓고 내렸어요.

- 경찰서에 전화해 주세요.

- 한국 대사관은 어떻게 갑니까?

- 한국어 아는 분을 부탁합니다.

- 분실 증명서를 만들어 주세요.

- 그것을 재발급해 주세요.

- 바로 재발급됩니까?

J'ai perdu mon passeport.

제 뻬흐뒤 몽 빠스뽀흐.

On a volé mon portefeuille.

오 나 볼레 몽 뽀흐뜨풔이으.

J'ai laissé mon sac dans le taxi.

젤 레쎄 몽 싹 덩 르 딱씨.

Pouvez-vous appeler la police ?

뿌베 부 아쁠렐 라 뽈리쓰 ?

Comment puis-je aller à l'ambassade de Corée ?

꼬멍 쀠이 쥬 알레 알 렁바싸드 드 꼬헤 ?

Je voudrais quelqu'un qui puisse parler coréen.

쥬 부드헤 깰겅 끼 쀠이쓰 빠흘레 꼬헤양.

Je voudrais faire une déclaration de vol.

쥬 부드헤 페흐 윈 데끌라하씨옹 드 볼.

Pouvez-vous me le délivrer à nouveau ?

뿌베 부 믈 르 델리브헤 아 누보 ?

Pouvez-vous me le délivrer rapidement ?

뿌베 부 믈 르 델리브헤 하삐드멍 ?

교통사고

- 위급합니다!

- 경찰을 불러 주세요.

- 교통사고를 신고하려고 합니다.

- 다친 사람이 있습니까?

- 제 친구가 피를 흘립니다.

- 알겠습니다. 지금 어디에 있습니까?

- 시청 근처의 조지가에 있습니다.

- 알겠습니다. 지금 곧 가겠습니다.

- 당신은 그 사고에 관련된 사람인가요?

Il y a une urgence.

일리아 윈 위흐정쓰.

Pouvez-vous appeler la police, s'il vous plaît.

뿌베 부 아쁠렐 라 뽈리쓰, 씰 부 쁠레.

Je voudrais déclarer un accident.

쥬 부드헤 데끌라헤 엉 악씨덩.

Y a-t-il des blessés ?

이야띨 데 블레쎄 ?

Mon ami est en train de saigner.

모나미 에 떵 트항 드 쎄녜.

D'accord, où êtes–vous ?

다꼬흐, 우 엣뜨 부 ?

On est à la rue de Georges à côté du marché.

오 네 알 라 휘 드 조흐쥬 아 꼬떼 뒤 마흐셰.

D'accord, on arrive tout de suite.

다꼬흐, 옹 아히브 뚜 드 스윗뜨.

Est-ce que vous êtes impliqué dans l'accident ?

에스끄 부 엣뜨 앙쁠리께 덩 락씨덩 ?

건강 이상 (1)

- 이 부근에 병원이 있습니까?

- 병원에 데려다 주세요.

- 몸살로 온몸이 쑤셔요.

- 아파 죽겠어요.

- 여기가 아픕니다.

- 나는 거의 아무 것도 먹지 못합니다.

- 이 약을 얼마나 오랫동안 복용해야 하나요?

- 낫는 데 얼마나 걸릴까요?

- 여행을 계속 할 수 있을까요?

Y a-t-il un hôpital à côté d'ici ?

이야띨 어 노삐딸 아 꼬떼 디씨 ?

Pouvez-vous m'emmener à l'hôpital ?

뿌베 부 멍므네 알 로삐딸 ?

J'ai mal partout parce que je suis tombé malade.

제 말 빠흐뚜 빠흐쓰 끄 쥬 쒸이 똥베 말라드.

J'ai très mal.

제 트헤 말.

J'ai mal ici.

제 말 이씨.

le mal de tête
르 말 드 뗏뜨
두통

la migraine
라 미그헨
편두통

la crampe
라 크헝쁘
경련

le gonflement
르 공플르멍
부풀어오르기

Je n'arrive pas à manger.

쥬 나히브 빠 아 멍제.

Combien de temps dois-je prendre ces médicaments ?

꽁비앙 드 떵 도아 쥬 프헝드흐 쎄 메디꺄멍 ?

Combien de temps faudra-t-il pour guérir ?

꽁비앙 드 떵 포드하 띨 뿌흐 게히흐 ?

Pourrai-je continuer à voyager ?

뿌헤 쥬 꽁띠뉴에 아 부아이야제 ?

건강 이상 (2)

- 체온을 재 보겠습니다.

- 혈액형은 A형입니다.

- 입원을 해야 하나요?

- 통증이 심합니다.

- 통증이 그렇게 심하지는 않아요.

- 얼마나 나빠졌습니까?

- 저는 알러지 체질입니다.

- 저는 고혈압이 있어요.

- 여행자보험에 들었습니다.

Je vais regarder votre température.

쥬 베 흐갸흐데 보트흐 떵삐하뛰흐.

Je suis du groupe sanguin A.

쥬 쒸이 뒤 그훕쁘 썽겅 아.

Dois-je être hospitalisé ?

도아 쥬 에트흐 오스삐딸리제 ?

Ça fait très mal.

싸 페 트헤 말.

Ça ne fait pas trop mal.

싸 느 페 빠 트호 말

Est-ce que c'est grave ?

에스끄 쎄 그하브 ?

Je suis allergique.

쥬 쒸이 잘레흐지끄.

J'ai de la tension.

제 들라 떵씨옹.

J'ai une assurance de voyage.

제 윈 아쒸헝쓰 드 부아이야쥬.

건강 이상 (3)

- 엑스레이를 찍어 봅시다.

- 상태가 어떻습니까?

- 혈액형이 무엇입니까?

- 이 병원에는 약국이 없습니다.

- 약국을 찾고 있습니다.

- 이 처방전대로 약을 지어 주세요.

- 이 약은 어떻게 먹습니까?

- 하루 세 번 식후에 드세요.

- 이 처방전을 가지고 약국으로 가세요.

On va faire une radio.
옹 바 페흐 윈 하디오.

Comment vous sentez-vous ?
꼬멍 부 썽떼 부 ?

Quel est votre groupe sanguin ?
깰 레 보트흐 그흅쁘 성걍 ?

Il n'y a pas de pharmacie dans cet hôpital.
일 니 아 빠 드 파흐마씨 덩 셋 또삐딸.

Je cherche une pharmacie, s'il vous plaît.
쥬 셰흐슈 윈 파흐마씨, 씰 부 쁠레.

Voici ma prescription.
부아씨 마 프헤스크힙씨옹.

Comment dois-je prendre ce médicament ?
꼬멍 도아 쥬 프헝드흐 쓰 메디꺄멍 ?

Prenez ce médicament trois fois par jour après chaque repas.
프흐네 쓰 메디꺄멍 트호아 푸아 빠흐 주흐 아프헤 샥끄 흐빠.

Allez à la pharmacie avec cette prescription.
알레 알 라 파흐마씨 아벡 셋 프헤스크힙씨옹.

여행 중 긴급상황 대처하기

여권을 잃어버렸을 때

여권을 잃어버리면 여행도 할 수 없고 한국으로 돌아올 수도 없으므로 잘 간수해야 한다. 만일 여권을 잃어버리면 곧바로 대사관이나 영사관 등에서 재발급 수속을 밟는다.

여행자수표를 잃어버렸을 때

여행자수표는 분실증명서가 있으면 2~3일 만에 재발급이 가능하다. 발행한 은행의 현지 지점으로 가는 것이 가장 빠르지만, 지점이 없을 경우에는 계약은행으로 가야 한다.

항공권을 분실했을 때

항공권을 잃어버리면 거의 모든 항공사에서 재발급을 해 준다.

분실 · 도난 · 사고

위험한 상황에 대비하려면 머물고 있는 주소, 방번호 등을 알아 두는 것이 좋다.

배낭이나 물건을 분실했을 때

경찰서에 신고하여 분실증명서를 받아오면 보험가입자에 한해서 보상이 가능하다.

교통사고가 났을 때

만약의 사고를 대비해서 최근 해외여행보험에 드는 것이 선택이 아닌 필수가 되었다. 사고를 당했을 경우 긴급구조 요청을 하고, 보험 청구를 위해 영수증도 받아 놓도록 한다.

병이 났을 때

제일 좋은 방법은 가벼운 증상일 경우를 대비하여 여행을 떠나기 전에 비상약을 준비해 두는 것이다. 만약 심각한 상태일 경우에는 교환에게 문의하여 병원에 가거나 도움을 요청하도록 한다.

Chapter 11

귀국

항공권 예약하기

- 서울로 가는 비행기편이 있습니까?

- 서울행 비행기를 예약하고 싶습니다.

- 언제 떠나실 겁니까?

- 다음 주 토요일입니다.

- 연락처를 알려 주십시오.

- 성함의 철자가 어떻게 됩니까?

- 서울행 비행기의 시간표를 알려 주세요.

- 대기자 명단에 올려 주세요.

- 전화로 예약 상황을 확인할 수 있습니다.

Y a-t-il un vol pour Séoul ?

이야띨 엉 볼 뿌흐 쎄울 ?

Je voudrais réserver le vol pour Séoul.

쥬 부드헤 헤제흐벨 르 볼 뿌흐 쎄울.

Quand partirez-vous ?

껑 빠흐띠헤 부 ?

Samedi prochain.

쌈디 프호샹.

Tout de suite
뚜 드 스윗뜨
당장에

Dans
quelques jours
덩 깰끄 주흐
며칠 내에

Pouvez-vous me donner votre numéro de téléphone ?

뿌베 부 므 도네 보트흐 뉘메호 드 뗄레폰 ?

Comment ça s'écrit votre nom ?

꼬멍 싸 쎄크히 보트흐 농 ?

Pouvez-vous me donner les horaires des vols pour Séoul ?

뿌베 부 므 도넬 레 조헤흐 데 볼 뿌흐 쎄울 ?

Pouvez-vous me mettre sur la liste d'attente ?

뿌베 부 므 메트흐 쒸흘 라 리스뜨 다떵뜨 ?

Vous pouvez vérifier votre réservation par téléphone.

부 뿌베 베히피에 보트흐 헤제흐바씨옹 빠흐 뗄레폰.

항공권 예약 변경하기

- 예약을 변경하려고 합니다.

- 어떻게 변경하시겠어요?

- 다음 주 월요일에 떠나고 싶습니다.

- 다음 주 월요일에는 자리가 없습니다.

- 다음 주 토요일은 어떻습니까?

- 다음 주 토요일은 가능합니다.

- 예약을 취소하려고 합니다.

- 비행날짜를 바꿔 주세요.

- 다음 비행기는 언제 있습니까?

Je voudrais changer ma réservation.

쥬 부드헤 성제 마 헤제흐바씨옹.

Comment voulez-vous changer votre réservation ?

꼬멍 불레 부 성제 보트흐 헤제흐바씨옹 ?

Je voudrais partir le lundi de la semaine prochaine.

쥬 부드헤 빠흐띠흘 르 렁디 들 라 쓰멘 프호셴.

Il n'y a plus de place pour le vol du lundi prochain.

일 니 아 쁠뤼 드 쁠라쓰 뿌흘 르 볼 뒤 렁디 프호샹.

Y a-t-il des places pour le vol du samedi prochain ?

이야띨 데 쁠라쓰 뿌흘 르 볼 뒤 쌈디 프호샹 ?

Il y a des places pour le vol du samedi prochain.

일리야 데 쁠라쓰 뿌흘 르 볼 뒤 쌈디 프호샹.

Je voudrais annuler ma réservation.

쥬 부드헤 아뉠레 마 헤제흐바씨옹.

Je voudrais changer la date de mon départ.

쥬 부드헤 성제 라 닷뜨 드 몽 데빠흐.

Quels sont les prochains vols ?

깰 쏭 레 프호샹 볼 ?

항공권 예약 확인하기

- 예약을 확인하고 싶습니다.

- 비행기편을 말씀해 주십시오.

- AN 825기입니다.

- 내일 아침 8시에 서울로 떠나는 비행기로군요.

- 예약이 확인되었습니다.

- 명단에 없습니다.

- 어떻게 해야 하나요?

- 그밖에 또 필요한 것이 있습니까?

- 아니오, 없습니다.

Je voudrais avoir la confirmation de ma réservation.

Je voudrais avoir la confirmation de ma réservation.

쥬 부드헤 아부아흘 라 꽁피흐마씨옹 드 마 헤제흐바씨옹.

Quel est le numéro du vol ?

깰 렐 르 뉘메호 뒤 볼 ?

C'est le A.N. 825.

쎌 르 아 엔 윗썽방쌍끄.

C'est le vol de 8 heures du matin à destination de Séoul.

쎌 르 볼 드 윗 떠흐 뒤 마땅 아 데스띠나씨옹 드 쎄울.

Votre réservation a été confirmée.

보트흐 헤제흐바씨옹 아 에떼 꽁피흐메.

Je ne vois pas votre nom sur la liste.

쥬 느 부아 빠 보트흐 농 쒸훌 라 리스뜨.

Que dois-je faire ?

끄 도아 쥬 페흐 ?

Avez-vous d'autres qustions ?

아베 부 도트흐 께스치옹 ?

Non, merci.

농 메흐씨

항공사 카운터 체크인하기

- 기내에 몇 키로까지 가져갈 수 있습니까?

- 무게 초과당 얼마입니까?

- 탑승 시간은 언제입니까?

- 몇 번 탑승구죠?

- 카운터가 어디입니까?

- 공항세를 내야 합니까?

- 정시에 출발합니까?

- 짐이 초과되었습니다.

- 추가요금은 얼마입니까?

Quel est le poids maximal admis dans la cabine ?

깰 레 르 뿌아 막씨말 앗미 덩 라 꺄빈 ?

Combien ça coûte si on dépasse le poids autorisé des bagages ?

꽁비앙 싸 꿋뜨 씨 옹 데빠쓸 르 뿌아 오또히제 제 바갸쥬 ?

A quelle heure doit-on monter dans l'avion ?

아 깰 뤄흐 도아 똥 몽떼 덩 라비옹 ?

A quelle porte dois-je me présenter ?

아 깰 뽀흐뜨 도아 쥬 므 프헤정떼 ?

Où se trouve le comptoir d'enregistrement ?

우 쓰 투후블 르 꽁뚜아흐 덩흐지스트흐멍 ?

Dois-je payer la taxe d'aéroport ?

도아 쥬 뻬이엘 라 딱쓰 다에호뽀흐 ?

Est-ce que l'avion va partir à l'heure ?

에스끌 라비옹 바 빠흐띠흐 알 뤄흐 ?

Il y a un dépassement du poids autorisé des bagages.

일리아 엉 데빠쓰멍 뒤 뿌아 오또히제 제 바갸쥬.

Combien coûte l'excédent de bagages ?

꽁비앙 꿋뜨 렉쎄덩 드 바갸쥬 ?

결항 및 비행기를 놓쳤을 때

- LA로 가는 연결 비행기를 지금 막 놓쳤습니다.

- 다음 편으로 예약해 드리겠습니다.

- 다음 편에 태워 드리겠습니다.

- 오늘 중으로 도착지에 도착할 수 있을까요?

Je viens de rater le vol à destination de Los Angeles.

쥬 비앙 드 하떼 르 볼 아 데스띠나씨옹 들 로쓰 엔젤레쓰.

Je vais vous réserver pour le prochain vol.

쥬 베 부 헤제흐베 뿌흘 르 프호샹 볼.

Je vais vous mettre pour le prochain vol.

쥬 베 부 메트흐 뿌흘 르 프호샹 볼.

Pourrai-je arriver à la destination dans la journée ?

뿌헤 쥬 아히베 알 라 데스띠나씨옹 덩 라 주흐네 ?

항공권 예약 확인

귀국할 때는 출발 3일(72시간) 전에 예약을 재확인해 두도록 한다. 재확인 하지 않으면 예약이 취소되는 경우가 많다.

출발시간 2시간 전에 공항에 도착해서 미리 체크인을 마쳐야 한다. 공항 의 출입국 절차는 특별한 경우를 제외하고는 거의 비슷하다. 항공사 카운 터에서 여권과 항공권을 제시하고 탑승권을 발부받고, 탁송하물이 있으면 부친다.

탑승 수속 ⇒ 보안 검사 ⇒ 세관 신고 ⇒ 출국 심사 ⇒ 탑승 대기

공항에 도착하여 출발할 때와 같이 은행에서 공항이용권을 구입하여야 한다.

여행을 마치고 귀국할 때는 과도한 쇼핑으로 고민하는 사람들도 간혹 있다. 출·입국할 때 세금을 내야 반입이 되는 물품이 있으므로 반입금지품목과 높은 세율이 적용되는 일부 사치품은 자제하는 것이 좋다.

인천공항에서 한국인은 출입국 신고서를 작성하지 않아도 된다.

세관 신고는 녹색신고와 적색신고가 있는데, 녹색신고는 해외에서 구입한 물품의 총 가격이 미화 $400 이내의 경우와 특별히 신고를 요하는 품목 이 없는 경우의 자진신고자를 위한 출구이다.